兩個
海外台灣人
的閒情心思

林莊生
編著

序

林莊生，這個名字在臺灣顯得很陌生。幾年前，這位臺灣文化界的陌生人，在當時的自立報系出版公司出版了一本書，引起了我的注意。首先引起我的注意的當然不是這位陌生的作者，而是那本書的書名：「懷樹又懷人——我的父親莊垂勝、他的朋友及那個時代」。我因爲研究臺灣史，而且大學時代便在臺灣文化前輩王詩琅先生的家裏進出，從王先生口中知道不少日本時代的人物、掌故，心中對於日本時代台中的一批頗爲活躍的文化人有一些憧憬，因此對於這一本書名明指著是台中文化名士莊垂勝先生的兒子（雖然乍看之下，對於莊垂勝的兒子怎麼會是姓林，有些狐疑）寫他父親的書，馬上就買回來看了。結果，看了不到十頁便「驚爲天人」，竟然一口氣在兩天之內把它看完了。在看那本書的時候，我是一邊看內文就要一邊翻回來端詳書的封面，端詳那書封面上那張一群一九二〇年代的臺灣中部知識青年的相片，因爲這本書的確是如書名所說的，將日本時代中期到戰後初期的幾十年間臺灣一批文化菁英

的精神面貌和時代氣氛給寫出來了。在那端詳之中，也同時會
瞠視著書封面的那一片樹林看，想著一個讀農藝、長期在北美
洲定居下來的臺灣人農業科學家，竟然會有那麼深厚的人文素
養與中文表達能力。眞是不可思議。透過這個作者，我確信他
的上一代，也就是他父親莊垂勝和他的朋友，一定是更深邃、
更豐富。我相信這將是一部足以表現臺灣第一代近代文化人精
神面貌的經典。於是，我向很多認識的朋友推薦這本書，甚至
買來幾拾本送給自己的學生。但是，這本書似乎沒有被臺灣的
讀書界所發現。記得該年底我應報社之邀推薦年度好書時，我
同時推薦了兩本我認爲是當年臺灣研究不可多得的好書：一本
是旅居荷蘭的研究者江樹生先生的《鄭荷最後一戰與締和條
約》（漢聲），一本便是這本《懷樹又懷人》。但是，報社編
輯卻來電話問我是否有錯，因爲不但其他的推薦者沒有人提到
這兩本書（也就是說，這兩本書都只有我投了一票），編輯自
己也對這兩本書沒有任何印象。也難怪，「好書本來總是寂寞
的」。所以我後來主動爲江樹生先生的書寫了一篇「書評」，
投到《中央日報》的副刊上去（這是我生平唯一的一次，不是
應人邀稿而寫文章發表在報紙上）。對於《懷樹又懷人》，我
則在最近一個機會，將它與美國學者 J. M. Meskill《霧峰林
家》、伊能嘉矩《臺灣踏查日記》、矢內原忠雄《帝國主義下
的臺灣》並列推薦爲臺灣（史）必讀的四本書。

　　林莊生先生的文字清晰流暢，在我看來頗有他的父執輩、
台中才子葉榮鐘先生的流風。葉榮鐘先生是一九三〇年代臺灣

有名的政治運動家，也是幾乎全才的文化人，文章流暢，說理清楚，一直是我所景仰的臺灣前輩。林莊生先生的令尊莊垂勝先生與葉榮鐘先生兩家，有通家之好，顯然林莊生先生是同時得到了他父親莊垂勝先生和葉榮鐘先生的陶冶。在《懷樹又懷人》書中，林莊生先生是以他父親與朋友往來的書信爲線索，將他父親和他父親與朋友們的交遊，及這些上一代臺灣前輩的人格、襟懷，很生動的描寫了出來，與一般常見的枯躁無味的「學術文章」眞不可同日而語。例如，當他描寫莊垂勝先生在太平洋戰爭時期熱心擔任「鄰組」工作的那一段，我想比任何一篇描寫戰爭時期的學術論文，都要來的令人印象深刻。他不但讓我們看到了莊垂勝先生個人的人格、個性，也讓我們幾乎可以感同身受地體會到那個時代的社會氣氛。林莊生先生，就是能夠以很平明清晰的文字將社會上、生活中的平凡事，寫得很貼切而且從中看出深意。

此次，林莊生先生再將自己近年來與青年時代的友人陳逸雄先生的通信整理出版，名爲「兩個海外臺灣人的閒情心思」。陳逸雄先生的尊翁陳滿盈（虛谷），也是日本時代臺灣中部的著名文化人。莊、陳兩家也是通家之好，上一代的莊垂勝、陳滿盈既是政治運動的同志，也是時相往來的文友，下一代的林莊生與陳逸雄則是前後期的同學。但是，六十年代以後兩個青年人各自離開臺灣遠走異鄉，一個到了北美，一個到了日本。三、四十年間互不通音訊，直到九十年代才再度透過書信「相認」。從他們的書信來往可以看出，兩個人如何從「怯

生生的相認」到「一日不見（不通信）如隔三秋」。尤其我們看到林莊生如何很有耐心地澆灌這片已經數十年「廢耕」的友情，也看到陳逸雄如何在放任自己如「死灰」般的狀態中「復燃」起來，我們也看到了陳逸雄生命最後階段的豁達自若。

這本書即將出版的時候，林莊生先生和前衛出版社的林文欽社長要我寫一篇序，使我得以藉這樣的機會向這位文化人前輩（林莊生先生足可以當我的父執輩）致敬。因爲要寫序，使我能夠事先看到兩位長一輩的臺灣人之間充滿友情關懷，和睿智的筆上交談，的確是「先睹爲快」了。但同時也使我有機會在此書出版之前，補充幾句話。

在他們顯得平靜的文字（應該有一些比較「不平靜」的文字已經被刻意的刪去）當中，有一段是顯得比較激切的，那就是談到李獻璋先生批評林獻堂先生的部份。林獻堂先生在日本時代領導臺灣開明仕紳，向日本殖民政府爭取臺灣人的尊嚴與待遇，的確是有目共睹的事，也因此普遍受到臺灣人的敬重。但是，李獻璋先生卻發表了一篇跡近惡意攻擊的文章加以詆毀，做爲台中文化人的後人當然會義不容辭地加以反駁。但是，林、陳兩人卻將李獻璋的詆毀林獻堂先生說成是爲了維護《臺灣省通志・抗日篇》的立場，而將王詩琅先生牽扯在內（林、陳的推論是這樣的：王詩琅先生任職臺灣省文獻委員會編纂組，編纂《臺灣省通志》是他的工作，李獻璋的論調既然與《臺灣省通志》相近，李、王又似是朋友，當然有關係）。其實，這應該是過慮了。我大學時代經常出入王詩琅先生家，

從他口中認識不少日本時代的文化人、社會政治運動前輩，也從他老人家的口中聽到他對台中文化人與李獻璋的觀感。我印象中的王詩琅先生對於台中的文化人評價相當高，其中他特別推崇葉榮鐘先生和莊垂勝先生，葉榮鐘先生晚年多次到台北來也多與王先生敘舊，反而他告訴我李獻璋「真歹鬥陣」。以後，我看了葉榮鐘先生的著作，也直接、間接接觸到李獻璋先生，我想王先生對人的評論並沒有絲毫差錯。所以，李獻璋對於林獻堂先生的詆毀，應該與王詩琅先生無關。何況，王詩琅先生不但親身參與日本時代的文化運動、抗日運動，晚年更盡力翻譯《臺灣總督府警察沿革誌•第二編臺灣社會運動史》，對於日本時代的文化政治社會運動的全貌均有瞭解，應該也不至於有不適當的暴論。據我所聽到的，王詩琅先生對於舊文協（一九二七年以前）的運動方針或運動者最「嚴厲」的評價，也不外說他們是「收租派」。其實，以王詩琅先生的思想傾向，和一九二〇年代後半期的社會政治運動的傾向來說，這種說法也是很自然的。賴和的小說中對於舊文協也有類似的評價。

眞高興，林莊生的新書出版時，我有幸能夠在他的書裏面寫這篇文章，一方面向他表達我的敬仰之意，一方面爲一個臺灣前輩王詩琅先生辯白幾句。希望林莊生先生沒有認爲這樣是玷污了他的一本好書。是爲序。

吳密察　　2000.12.02

導言

　　一九九八年，我發表〈兩個海外台灣人的閒情心思——我與陳逸雄的通信〉乙文於《台灣風物》（第48卷第2期）。該刊總編輯張炎憲先生在「卷頭語」中做如此的介紹：

> 書信具有心靈隱秘情緒的表達作用，公開私信需要幾分勇氣、浪漫和自許。林莊生與陳逸雄兩代相交，藉著書信的往來，談論父執輩莊垂勝、陳虛谷的週遭事物，並觸及一九二〇年代之後，台灣人的社會文化運動、和台灣人菁英的思想。我羨慕他們保有傳統的作風，以書信傳達文人內懷台灣的襟懷，而不是依賴電話或電腦，才得以留下珍貴的七、八十封信札。林莊生雖自謙是閒情心思的書函，事實上卻是台灣讀書人文化思想的寫照。

　　私信的公開對當事人來說，是自己內面感情的揭露，不但易得罪人，甚至內容被曲解，麻煩的事接踵而來。因此，很少有人在生前願意嘗試。市面上看到的信集，大都是寫信人在某

方面有突出的成就，而後來之人為探求這個人的生平而開始收集。因為信是來去二個人的對話，集信的對象有時只限於其中之一方，有時雙方都收集。前者如《The letter of T. S. Eliot》（1988）（Eliot 是美國近代的大詩人）。後者如《Dear Stiegliz, Dear Dove》（1988）（Stiegliz 是畫商兼攝影家，Dove 是畫家）。這種寫信人死後編輯的信集有個缺點，那就是編輯人與寫信人之間，時間相隔太久，編者對每封信的來龍去脈及其背景難有充分的理解，無法做重要的註解。因此，所謂信集也者，不過是一束文字檔案。除了研究這些寫信人的學人專家外，對一般人來說鮮有利用的價值。與之相比，寫信人在生前就編好的信集，因編輯人對信的背景很清楚，不但可以做詳細的註解，還可以彌補信與信間的關聯性。問題是這種信集，因寫信人本身的條件，信的內容大半不出庸言庸行，通常沒有什麼值得研究的地方。但在某種狀況下（特別是二個人對談的信），偶而也有某種社會功能。譬如，信的內容是側重於討論當時的政治、經濟、文學、藝術各方面的問題時，這些庸人（小市民）的感想與思考的記錄，有時可能提供珍貴的歷史資料，可以做為那個時代的註腳。

　　本書是上述論文的擴大版，將原來選出的 37 封信增加到 73 封（全部）。同時把每封信中採用的段落稍為擴大（增加字數一倍），使二個人討論的內容更全面、更翔實地表達出來。編輯上主要的改進是將〔註〕與〔補述〕分開（上述論文因沒有分開，有幾個地方補述與信的本文混雜），而把每項

〔補述〕當做獨立的文章，分別收集於第二章。其次是翻譯兩篇逸雄的日文論文，做為參考文獻——〔附錄〕——而歸納於第三章。這兩篇中，第一篇是逸雄在《台灣抗日小說選》中的「前言」，第二篇是逸雄在劉賓雁的《中國の幻想と現實》的「解說」。逸雄在生時看過這七十三封信的打字稿，但沒有時間做〔註〕或〔補述〕。讀者通過這兩篇〔附錄〕，可以更進一步瞭解他的思想與見解。

　　第一章的信中討論不少我自己的文章，這些文章現在全部收入於拙著《一個海外台灣人的心思》（望春風出版社，1999）。逸雄在鬥癌中完成的《陳虛谷作品集》，終由彰化縣立文化中心印行（1997），上、下共 875 頁。

林莊生 識

2000 年 8 月 30 日

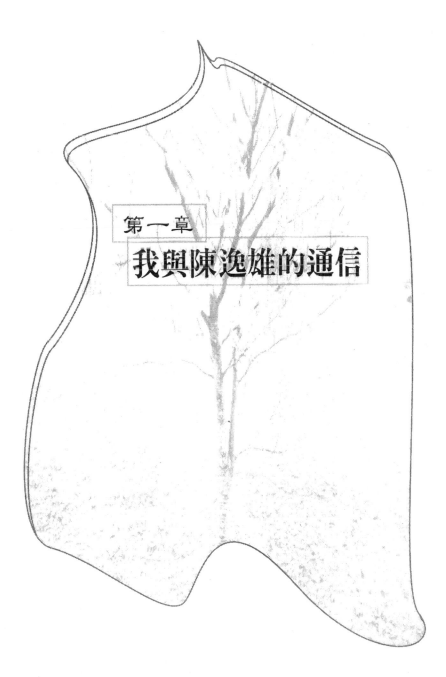

第一章

我與陳逸雄的通信

1. 編輯的經過

陳逸雄兄一九九五年動過癌的手術，一九九六年十一月發現癌症已再發，終於一九九七年十一月逝世。當我接到他再發的消息時，立即將他與我從一九九一年來的信全部用電腦打出。我覺得我們的通信不但有個人的意義，而且有相當的時代性，值得留存。此項打字工作於一九九七年一月間完成，隨即寫了一篇「前言」附於《信集》前，說明編輯的目的和約束。我送第一稿（約有十二萬字）給逸雄過目。他覺得《信集》沒有出版的價值，不過他還是花了五、六天的工夫，把文稿和原信件一一對照，將應刪除的地方刪除，應修正的字修正，來信說：「㈠原信，除了明顯的錯誤以外，盡量不要改，比如說「你」不要改爲「您」。㈡盡可能忠實於原信，用英、日文的地方應用英、日文，不要擅自改成中文。必要時註解就可以，這才能留眞。㈢我註明不要發表的部分，不管我生前或死後均勿發表爲幸。第七十三信以後的信尚未見稿亦勿發表（1997.1.26）。」

逸雄長我一歲，所以開始時我一直用「您」稱他。後來，彼此熟了也就開始用「你」。打字時覺得這樣前後不一致不太

好，乾脆統一改爲「您」。他不同意，一切按照信中的稱呼改回去。起先我用日文寫信給他，後來看他都用中文，第三信後我也改用中文寫了。我們因在初中以前是用日文，進高中後才改習中文，能動用的中文詞彙較有限，寫信時難免摻雜一些日語或英語以充其不足。這種混合體的文章對僅僅了解中文的讀者來說很不方便，於是我就把這些日語、英語盡量改譯爲中文。這樣做難免會失去一些原文的語感，逸雄不贊成，所以又一一復原，其中較難懂的原語再用括弧作中文註解。從這二項修正，可以看出他對「存眞」的苦心。第三項要求是重申我們本來的合約，發表的信到一九九六年年底爲止。意外的是他刪除的部分不多，全部合起來不過幾百個字而已。信中他反問我說：「莊生兄，其實讀完這些信，我仍然感覺所談問題有限，內容不深刻，也不精闢，即使公表，讀者受益不多，何必多此一舉？」逸雄是自律甚嚴的人，對文章的完成度有很高的要求。這種人要他在毫無心理準備下將所寫的私信公開於世，是件相當痛苦的事。我看完修改稿後打國際電話（當時我人在台灣）給逸雄，轉達施維堯先生的讀後感。施先生是逸雄和我以外唯一看過第一稿的人，他說他晚上十一時開始看，看到早上六點，顯然是被信的內容所吸引。不過，他警告我說：「所談範圍不廣，且屬個人私相論者居多，讀者不解處不少，似不適合於單行出版。」施先生的警告是在預料中，因爲第一稿僅僅提示了《信集》的骨骼，還沒有時間做充分的背景說明。不過他的反應給我很大的安慰與信心，因爲逸雄一直認爲沒有人有

興趣看這種《信集》。然而施先生竟能徹夜看下去，表示只要讀者對作者的背景有所了解，內容是可以傳達的，逸雄不太同意我的詮釋。在電話中我發覺他不斷地咳嗽，顯然他的病況已進入於相當嚴重的階段。我了解他極不願意公開的心情，同時知道他在有限的時間內還得完成《陳虛谷作品集》，在這種狀況下不應該再添上他的心煩，於是答應不出版了。

　　《信集》雖然決定不出版，但我還是覺得它有資料價值，需要好好整理一番。所謂「整理」並非改寫而是把信內容的來龍去脈清清楚楚地交代給第三者，因此增加不少「註」與「補述」。這個工作到了五月才告一段落。於是我將第二稿寄給逸雄，他回信說：「我們的信決定不出版了，何以重新整理，並且連那些我刪除的部分都復活起來呢？（其實只有一個地方我認為很有價值，因而附言「暫時保留」。）千萬不要死灰復燃，把它忘記吧。何必定稿？什麼藏諸名山，傳其後人？根本無此價值，我很不贊成。也不想作任何補述。你僅說我不願意得罪人，這故然是一個原因，另一個重要的原因是這些信根本沒有公開發表的價值（1997.6.1）。」

　　逸雄認為「既不發表就不要整理」，我的看法是「不發表，但應整理」。我的意見是根據二個理由：第一，我是靠「信」吃飯的人。當年發表《懷樹又懷人》（後述）時大量利用私信，因而對「信」在傳記作品的重要性有深刻的體驗。有「信」做背書，傳記人物的心態、志向不待著者的渲染也可以表達出來。相反的，沒有文字証據而只憑著者的導述、描寫，

很難給讀者一種「信憑性」。像台灣過去一百年來在外來政權的強壓下，根本沒有思想言論自由的社會裏，「私信」是很重要的歷史資料。第二，我寫〈《民俗台灣》與金關丈夫──五十年後的讀感〉（台灣風物，第四十五卷第一期，1995）時，發覺金關對資料收集的態度非常值得學習。他說：「將這些資料記錄下來，留給後代的學者是現在住在台灣的人的義務。那些平常不靠資料研究的學者很難了解這種心情。資料這種東西，上面已經說過，現在已知有歷史價值的當然有，不知道的也有。不知之中將來可能會變成有價值的也有，但如果我們現在不去收集，就會遺失，這是資料的本質（上述拙文 53 頁）。」逸雄不買帳我的「資料論」，我又說此刻我們應效法放翁那種「死後是非誰管得，滿村聽說蔡中郎」的 Gut（不在乎），他說此事與 Gut 無關，而作者的本意大概也不是我想像那樣──反而受到「嚴」正的指點。我的「金囊妙計」雙雙被卻下，「整理」的念頭也就消散了。逸雄去世後，我將他寫給我的最後七封信（都是一九九七年代）重讀幾次，才發覺他早已提示解決的辦法，在二月十八日的信中，他說：「我的意見是不必每封都拿出來，不需要的就不收錄，因為沒有價值的居多。」我突然發覺自己太笨，一直在「出版」與「不出版」這個命題上跟他爭論，其實他已提供了雙全其美的辦法。這個覺醒終使我開始一番去蕪存菁的工作，我先把那些不重要的或有可能傷害別人的部分（嚴肅的批判文不在此限）盡量刪除，這樣只留下原《信集》三分之二的字數。本稿可說是裁剪過的

《信集》，與原來的《信集》比較，顯得更精鍊，文脈更清楚。我想逸雄在天之靈如果看到此稿，大概不會太反對，說不定會露出笑容說：「Unsatisfactory but not unacceptable」（不滿意，但還可以接受）吧。

2. 逸雄與我的關係

　　陳逸雄的令尊陳滿盈（號虛谷）先生和先父莊垂勝（字遂性）先生是青年時代以來的摯友〔照片一〕，來往頻繁而交情甚篤。但兩家子女間的接觸卻很少，因陳家在彰化，我們家在台中。逸雄小學畢業後就讀台中一中，次年我也進入一中，這樣彼此見面的機會是多了，但交談的機會卻很少。因他是「二十九期」，我是「三十期」，班次不同；又因他是火車通學生，我是市內通學生，下課後都不在一起活動。

　　一中畢業後各奔前程，再沒有見過面。這樣經過了半世紀，一九九一年我們開始通信——他從日本，我從加拿大。因那時我的《懷樹又懷人》剛脫稿，其中第十一章〈陳滿盈先生〉的初稿需請他過目。這一接觸後，我們間的魚雁來往漸漸增加。我發覺我們關心的問題很相似，而且談起來很投機。這樣，寫信對我們來說已不是負擔，反而成為生活中之一樂了。六年來我們交換的信函達七十三封（一九九六年十二月底為止）。因此期我們都在退休或準退休中生活，信的性質誠屬老人閒談之類，內容不外對世事、對人物、對書籍的批評和感慨。因這是我們間的私信，執筆時毫無顧忌，直述心聲。就因

〔照片一〕　陳虛谷和他的朋友在彰化家。

前排左起：葉榮鐘、陳紹馨、莊垂勝。後排立者左起：賴和、陳虛谷（抱

四男純真）、楊木。中間站立的兒童為三男逸雄。轉載自《陳虛谷作品集》。

如此，等到要發表時顧慮特多，最後正如上文所述，採用精選的方式，把不重要的部分刪除。

我一直主張將這些信發表，是歸於下面幾項理由：

第一，此書不是兩個人（以 A 和 B 表示）的文集（A＋B），而是（A＋B＋A・B）的總合體。其中的 A・B 是 A 和 B 的交互作用（interactions）而產生的新因素。此因素在 A 或 B 單獨時並不存在。當一本書以（A＋B）的形式出現時，它僅是不同「個」性的集合體而已；但如以（A＋B＋A・B）之形式出現時，會露出「群」性（group character）來。此書的構成人雖只有兩個，但多多少少表現了某種群體的性格。

第二，在研究台灣近代史時，最感困難的問題是我們的前輩因困於當時的政治環境，很少留下內心的記錄。雖從他們的詩文、私信可窺察一點，但缺少具體的內容。其中有少數先達抱著藏諸名山傳之後人的心情，把日記、書稿留下來，但在白色恐怖下，其後人不得不焚毀以避牽連（見《台中縣文學發展史》中，作家張多芳先生後人的自述）。這一來，本已少而少之的資料變得更少了。解嚴以後，言論、出版是開放了，但遺憾的是，經過這苦難時代（一九二○年前生）的人此時大部分已消逝，而繼其後的人也「漸去漸遠漸無聲」。在這種狀況下，代表三十年代前後的我們，更有必要留下一點心跡，讓後人去研究。

第三，我們這一代經過一段極曲折的人生路程。出生時是日本國民，少年時受嚴格的軍國教育，參加過「皇國」的「大

東亞戰爭」。結果日本打敗了，我們搖身一變成為中華民國國民。隨即在「時代考驗青年，青年創造時代」的口號下再度受訓，期為第三次國民革命（反攻大陸）的前鋒。這次統治者的願望又告吹了。時不待人，反攻大陸已無望而國內政治仍然維持戒嚴統治。很多青年學子在這種環境下透不過氣來，一個個離開「復興基地」，前往日本、美國求學謀生。我們忝為其中的一員，無意中做了台灣近代史的見証人。因其生長過程中受過不同政治理念的教育，其思想形成與後代（中生代、新生代、新人類、新新人類……）不同，值得將來的歷史家去研討。

因為本集的基本價值在其資料性，在編輯時設定如下的原則：

(1)錯字或述說不清楚處可以修改，但內容則不改變，以保持寫信當時率直的感情──存真。

(2)信中列舉的地址、電話、錯字列表等，與讀者無直接關係者均刪除。

(3)信中列舉的人、事中，需要進一步向讀者說明者，均以「註」明示。

(4)書中的議題需進一步討論者，以〔補述〕申論，並歸納於第二章。

我們倆的簡歷如下：

陳逸雄：一九二九年生。畢業台中一中後進入台大外文系。一

九五六年前往日本。早稻田大學英文系碩士課程修完後，服務於留日華僑聯合總會，任職事務總長（秘書長）。一九八六年開始日譯中文書（大陸和台灣作家），同時在台灣的雜誌上發表有關台灣近代史的資料與解說。一九九七年因癌再發去世。

林莊生：一九三〇年生。畢業台中一中後進入省立農學院（即後來的中興大學）。一九六一年前往美國留學，一九六七年獲得 Wisconsin 大學農學博士學位後移民加拿大，在聯邦政府農業部做生物統計的研究工作。一九九五年退休，現從事寫作。

■ 九十年代的陳逸雄（日本）與我（加拿大）。

3. 1991 和 1992 年（第 *1* 至第 *13* 信）

 林書（原文口文）
1991年12月18日

先父的《徒然吟草》❶編好了〔照片二〕，僅僅五、六十

〔照片二〕
莊垂勝的《徒然吟草》（右）和葉榮鐘的《少奇吟草》（左）。

首，沒有什麼觸目驚心的秀作，但多少反應了那個時代的感覺。寄一本給您做參考。

　　我來了加拿大已有二十五年，全部時間在聯邦政府農業部做研究工作，快要到退休之年齡了。爲結束過去的生活，這二、三年來斷斷續續地寫〈父親與我〉，〈父親的朋友〉。將以《懷樹又懷人》❷爲書名出書，大概有二十萬字。其中〈陳滿盈先生〉一章裏，我轉載吾兄《陳虛谷選集》❸〔照片三〕中之一節。此文初稿我想您已看過。十月中歸台時，逸村兄❹

〔照片三〕　陳虛谷的詩集三版。
由左：第一版是陳虛谷自選、莊幼岳編《虛谷詩集》（1960）。第二版是陳逸雄編《陳虛谷選集》（1985）。以上兩版均是私人出版。第三版是陳逸雄編《陳虛谷作品集》（上，下）（1997），由彰化縣立文化中心印行。

送我滿盈伯書函之影印，因此又編入其中兩封信。

　　在寫此書時，吾兄《陳虛谷選集》給我很大的幫忙。常聽說文化是累積的成果，這次深深體會到前人的勞作對後來者之恩惠。此書已在自立晚報排印中，預定明年出書。出版後當然會送乙本請您指教。雖然我對寫作是外行，但所言的東西都是我心中想要說的眞心話。

　　在逸村兄處看到您編譯的四本書❺〔照片四〕。您一定花了不少時間，但都有成果，很佩服。我在寫此書時也翻譯了不少父執們的日文信，才知道翻譯比著作難。年輕時如果做了一點翻譯，現在要寫中文一定會較輕鬆流利無疑，非常後悔。

〔照片四〕　陳逸雄翻譯的四本日文書。

❶莊垂勝（1897－1962）字遂性，號負人，一號徒然居士，此乃他生前自己選註的詩集，由莊幼岳編，一九九一年私人出版。

❷林莊生著《懷樹又懷人──我的父親莊垂勝，他的朋友及那個時代》自立晚報（1992），308 頁。全書分二部：第一部「父親與我」，記述一九三〇至一九六〇年代台灣的社會生活；第二部「父親的朋友」，記述父執岸田秋彥、朱石峰、洪炎秋、許文葵、黃春成、陳滿盈、徐復觀、葉榮鐘、蔡培火、林獻堂等。

❸陳逸雄編《陳虛谷選集》，私人出版（1985）（自立晚報總經銷），526 頁。

❹陳逸村，逸雄的二哥。

❺逸雄翻譯的日文書有：
　　　陳逸雄編譯：《台灣抗日小說選》，研文出版（1988）
　　　劉賓雁著：《中國の幻想と現實》，學生社刊（1990）
　　　劉賓雁著：《第二種の忠誠》，學生社刊（1991）
　　　殷允芃編：《中國激動の根源》，學生社刊（1991）

陳書
1992年1月初

　　眞是久違了。十二、三歲的時候在台中一中見過面，而幾近五十年來，未曾通信亦未見過面吧？敬生❻君在台北美國銀行服務期間，倒見過二、三次，也是十多年前的事了，聽說他也赴美了，是不是？我一直以爲您在美國，是從美國轉往加拿大的嗎？加拿人地廣人稀，好像比美國更富於前景。過得快樂吧！我在日本事事不如意，在不如意中混過一輩子，現在可以說是等著死神來迎接的走肉行屍。可以說，到了人生的黃昏才知道自己走錯了路，但是爲時太晚了。七年前編集《陳虛谷選集》的時候，曾想到您的家裏或有先父的信函，所以曾託家兄與令堂聯絡，結果眞正聯絡上遂性嬸了。遂性嬸現在還在世嗎？至於遂性叔，他是父親朋友當中，我最難以忘懷的人，理由您也知道了，不必在這裏重述。

　　上一次收到您寫先父的文章和一些先父的信件，這一次又承贈令先尊詩集，眞多謝。我幾乎天天在家，過著乾燥無味的日子，偶而收到這樣的文獻資料時最高興。現在樂候大著上梓了。您的中文寫得好，比我好多了。我自己根本沒有想到會用中文寫文章。我想您也大約知道我是個不好學而好玩的人。小學、中學、大學都幾乎不讀書，迷迷糊糊過來的。用中文寫文章是爲了編輯《陳虛谷選集》的不得已之舉。現在偶而寫寫有關台灣史的文章在台灣雜誌刊登，基本上是厚著臉皮寫的。日

文說，「恥を忍んで書いている」。

---

❻林敬生，莊生之二弟。

第三信 林書（原文日义）
1992年1月7日

　　大函使我很懷念。您說「事事不如意」，但我覺得不能這麼說，因為您每年都有大著出現。這表示您的人生方向可能轉變，但其成就誠屬可觀。

　　我的過來路簡單地說是這樣：一九六〇年代在台灣真的待不下去了，因此，以「背水之陣」來美國。所謂「背水之陣」是指在沒有經濟支援下，覺悟在彼地自立。幸虧當時美國的獎學金制度，可以一面工作一面唸書。在美國度過六年的「武者修業」（日語：指古時年輕人鍛鍊武藝之謂）後，一九六七年受僱於加拿大聯邦政府。至今已快二十五年了。一九七二年才找到結婚對象。在同窗中我可能是最晚婚的一個。內子是台南人，長女今年要上大學，二男是高中二年級。我從小沒抱過大志，因此，離開台灣時僅僅設定了三個目標：第一，要在學術界做事，當一個薪水階級；第二，在生活上要有餘力買書之程度的收入；第三，要培養會讀英文書籍的能力。因為我的「大志」僅僅這個程度，所以來北美三十多年也沒有多大失望。詳情已在《懷樹》中有所細述，在此不再重覆。

　　我是一九六一年出國，一九八七年才第一次回國，其後一九八九、一九九一年相繼回去三次。但像「浦島太郎」❼已經跟不上時代了，對台灣社會感到很生疏。在這種急激轉變的時代裏，三十多年的缺席是一件嚴重的失落。事事有隔世之感，

無法產生「落葉歸根」的情懷。

　　家母還健在，去年回國是要慶祝她八十八歲生日。每次回台，我都在日本 stop over，但都沒有進去東京市區。雖然我會說日語，但要去沒熟人的地方卻提不起勁。現在跟您聯絡上了，下次去時會去拜訪您。我是不喜歡旅行的人，對「風景」的興趣還不如對「人」的興趣。

　　有一件事想拜託，您看過的日本或台灣出版書籍當中有深刻印象者請介紹。我這四、五年來訂日本的《中央公論》，而鄰近的同鄉訂《文藝春秋》，所以每月都看這兩本雜誌和其中的新書廣告。每年一度向東京的書店訂日本書。日本的出版業昌盛得很，但只憑廣告很難判斷好壞，所以買來的書中屬於浪費者不少。如能經您挑選，必能減少許多浪費。

　　經過日語、國語及英語的人生經歷中，可以說樣樣不成。就每種言語能自由運用的程度而言，還是依習得年齡的順序❽。中文在三改四改之後，勉強還可以讀下去，但第一稿總是慘稀稀，不能見人。至於英文更無自信。最近盡量用中文寫信，但對方如果懂日文的話，還是寫日文較輕鬆。這個較輕鬆的日文寫成這個程度，其他更不必談了。

---

❼日本童話中的人物。
❽小學至初中用日語，高中至大學用國語，研究所以後用英語。

 **林書**
1992年2月4日

　　昨天接到您寄來的書包，非常高興。我吃過晚飯後馬上把大作翻一翻，得知吾兄從一九八八年以後差不多每年出版乙本書，非常了不起。大作讀來平易親切（註解極佳），日文之通暢尤為佩服。

　　殷氏之書❾很有意思，到底中國人看中國人，比起日本人看中國人有其深入奧妙的地方。此書對日本的「中國通」必大有幫助，對我來說也受益不淺。

　　在《台灣抗日小說選》中看到吾兄對朱點人先生和他作品的簡解，很有意思。因在《懷樹又懷人》（此書大概五月中出版）中我也略道父親與岸田、朱之關係。岸田先生是台北帝大熱帶醫學研究所的教授，而朱氏是該所雇員。戰爭末期，岸田先生曾經朱先生的介紹疏散到霧峰來。岸田先生回日後也跟先父通信過。後來我到加拿大，也常和他通信。他現在大概九十五歲，還在名古屋，但已不能寫信，所以最近改用電話問候（約每年一次）。

　　在大作中得知丁韻仙❿女士是您的親姊姊，我一直以為是仲翹兄的妹妹呢！聽說盧伯毅⓫兄去了北韓且已逝世，想起中學時代的過從，不勝感慨。

　　有兩件事想請教您。我在書中略談家世時，說大伯莊太岳（字伊若）是國語學校（師範部）出身。從兄莊幼岳認為不

對，應是台中師範。問題是台中師範是大正年代建立，而大伯畢業時是明治三十三年（1900）❿，地方是彰化。又在先父詩集中，他說跟滿盈伯在彰化共學過。不知當時在彰化有什麼「中學」級的學校？

另一件事是日本投降那年三月，衆議院、貴族議院雙雙通過議案給朝鮮人、台灣人帝國臣民之權益（予以同等待遇），這是在 Karr 的《Licenced Revolutions》（Univ. of Hawai Press, 1974）中記載的。貴族院議員之事大家都知道，但公佈「法令」之事我從沒聽過。不知您聽過沒有？如有，是什麼法案❸？內容如何？

以上二件都不是很重要的問題，只是一直懸掛在心，未能解決。我的〈陳滿盈先生〉初稿，因得到令兄給我的影印，我將其中的兩張信加在裏面，以傳達他們倆在詩學上互相研討的情景，此章完稿時已增加到八千字左右。

─────────────

❾ 此書是逸雄翻譯《天下雜誌》出版的《大陸動盪的根源》中的論文集。

❿ 丁韻仙（1928－　），陳滿盈之五女，生後給妻兄丁瑞圖當長女。在彰化女中四年級時，與朋友交換字條，寫了「爲祖國奮鬥到最後一滴血」等文句，被舍監查出來。受退學處分。1941 年與賴和約同時入獄。賴和〈獄中日記〉中也記載此事。出獄後與盧伯毅結婚，生有三女，長女靜綠，次女紫苑，三女翠玲。

⓫ 盧伯毅（1925～1988），台中市人，1942 年畢業台中一中。參加二二八，是二七部隊的中隊長。事變後潛逃到日本，後至韓國。終在彼邦與韓女再婚。未能再踏進故鄉而逝。詳情請參照張炎憲、胡慧玲、曾秋美採錄《台灣共和國》下冊，頁 506。吳三連基金會出版（2000）。

⓬ 此事已解明。根據篠原正已《台中・日本統治時代の記錄》（財團法人台灣文化研究所出版，頁 390，1996）。日本政府在明治卅二年（1899）頒布師範學校學制，建立台北、台中（彰化）、台南三個師範學校。但當時入公學校的學生不多，教員需求不大，於一九〇四年全部廢止，代而設立國語學校。一九一九年，學制又改變，將國語學校本校改爲台北師範，台南分校改爲台南師範，而到一九二三年才設立台中師範。所以莊太岳進入的「台中師範」，與後來的「台中師範」是屬於完全不同的教育系統。

⓭ 一九四五年三月，日本政府公佈殖民地政治待遇案，決定撥出眾議院五個席位給台灣人。

 **陳書**
1992年2月10日

　　前接一信，因正在寫一篇小文章，想寫完後給您回信。沒有想到今天又收到一信，覺得不好意思再拖，所以趕快寫這封信。看您的信才知道敬生君常回台灣。您有一位妹妹，記得也叫做「？生」，對不對？她也在美國吧？我去台大醫院看遂性叔時，他枕邊的錄音機播出您的聲音，我都認得出。您說：「爸爸，您真正疼愛我們」，這句話到現在我還記得很清楚。

　　台灣我已很久沒有回去了，一九八四年為編寫《陳虛谷選集》而回去收集資料，以後就沒回去。您說：「ついていけない（跟不上）。」我也凡事感覺生疏。要習慣，可能需要住上半年或一年。

　　遂性嬸還健在，真是令人驚喜的消息。我於八五年託家兄調查（我的目的是要問有沒有先父的信，以作為陳虛谷選集的資料），知悉遂性嬸健在時，也非常驚喜。沒有想到風一吹就可能飛上半天空的她，竟然享受這樣的長壽。過去在我的腦裏，她與我的母親都是孱弱不堪的人。其實不然？或是「榮堂」養神之賜？您想看那一方面的書？我讀書量不多，對台灣史與現代中國較有興趣。今天看您的信，好像您也對這兩方面有興趣，對嗎？下面幾本書，如您有興趣，或可購來一讀。

　　(1)《劉賓雁自傳》（台灣，時報文化出版企業公司）是一部很好的中國現代社會史。

(2)《人禍》（丁抒著，香港九十年代雜誌社）大躍進與人民公社的慘狀。

(3)《陽謀》（丁抒著，同上，這本書我正在譯成日文）1950 年代的中國知識分子。

(4)《走下神壇的毛澤東》（權延赤著，香港，南粵出版社）毛澤東的衛士長談毛澤東。

(5)《謝雪紅傳》（陳芳明著，台灣前衛出版社）內容好壞我不知道，僅知廣集資料寫成的書。

卅一方面的書您比較喜歡看，請來信賜知。比如說，現代中國的問題，我尤其關心黨與人民的關係。加拿大有沒有這方面的書，或是台灣史的書？《中央公論》、《文藝春秋》，我幾乎都不讀。雜誌少讀，其實一般的書也讀得不多。

我使用旅行社的信紙，是十五年前我的朋友經營的旅行社，早已全無相識的人經營了，所以我並沒有傳真，辜負期待，抱歉之至。我的電話×××。您從台灣打電話來不要多少錢，我可以到機場去接您。不必住旅館，只是我家真是陋屋，這一點有所覺悟就可以了。住三天、四天、五天都沒有問題。半世紀沒有見面，可以談幾天，也可以帶您逛書店街。家在成田與東京中間。

盧伯毅死於韓國非北韓，有才幹的人，很可惜。

第六信 林書

1992年2月27日

　　大忙中承蒙回信指教，謝謝。所介紹的書我會找來看看。這種消息對我來說很重要，因我在此地幾乎與台灣的出版界隔絕了。從您寄來的《台灣文藝》和《台灣風物》得知近來不少年輕一代從事台灣史的拓荒工作，這是很可喜的現象。更可喜的是知道您的 research area；在中文方面是台灣近代史，在日文方面是大陸狀況。我再過幾年就要退休了，將來想回到原來興趣所在的 area 做自己喜歡做的事。碰巧在這個轉變期得重修舊誼──好像一個在黑夜摸索的人，正心慌慌時遇到了引道人一般──真是喜出望外。

　　您的〈福澤諭吉〉❹很有價值。以前我聽過福澤對朝鮮人、中國人頗有偏見。看過他這幾篇文章後才有較具體的認識。福澤可以說「富國強兵」的尖兵，只看強，不看弱。說是勢利眼也可以，可說代表 nationalism 的 ugly side（醜陋的一面）。著名評論家渡邊昇一、石原慎太郎等都有這種傾向。

　　您的《台灣抗日小說選》❺譯得很好。比看原著還容易察覺著者的心情和訴求。以這種文學成就來衡量，您是可以用日文寫小說（創作）了。不知有沒有這種打算？

　　我二、三年來看過的中文書中較有價值的有：

(1)鍾逸人：《辛酸六十年》，自由時代出版社。

　　著者是二二八時台中武裝部隊的領導人。對光復當初的政

治、社會狀況提供了不少第一手資料。書中有二、三個地方談起盧伯毅兄的名字，但沒有置評。

(2)古瑞雲：《台中的風雷》，人間出版社。

著者又名周明，是謝雪紅的副將。此書寫出「謝」派的二二八觀，有文獻價值。

(3)葉芸芸：《證言二二八》，人間出版社。

芸芸是葉榮鐘先生的二女，曾在美國創辦中文雜誌《台灣與世界》，經二年後停刊。聽說她與戴國煇合著有關二二八的書，大概年中會出版。人間出版社是陳映真主持。

(4)韋政通等著：《自由民主的思想與文化》，自立報系。

此書是紀念殷海光逝世二十年的學術研討論文集。論者均是教授、副教授之類。可以說代表台灣學術界之精英。對了解當前台灣知識分子的心態有所幫助。

(5)許曹德：《許曹德回憶錄》，前衛出版社。

這是著者的自傳（小我們七、八歲），描寫一個知識青年，如何從三民主義的信徒轉變爲獨立運動家的心理過程。文字簡潔有力，頗有內容。

(6)吳平城：《軍醫日記》，自立報系。

著者是日治時代被征去南洋的軍醫。這是他的從軍日記，記述平實，有史料價值。對日本人、台灣人的生死觀、國家觀方面提供了極有趣的對照。

⓮陳逸雄譯解的〈福澤諭吉的台灣論說〉載於《台灣風物》第41卷第
　1、2期和第42卷第1、2期。

⓯陳逸雄編譯，由日本研文社出版（1988）。選集中介紹六個作家：賴
　懶雲、陳虛谷、楊守愚、蔡愁洞、朱點人、王詩琅和一位無名氏，共
　計十六篇。「前言」介紹台灣文學的歷史〔附錄一〕。

〔附錄一〕請參照第三章〈《台灣抗日小說選》中的「前言」及其
　　　　　他〉。

第七信　林書
1992年7月8日

　　前星期碰到一位從台灣來的客人，話中談及李獻璋❶先生〔補述一〕，而想起了這位留日多年的老前輩。以年齡來說，他應是在 70～80 之間。我在台灣時見過他兩次，每次他都以海外學人或僑胞的名義回台，我去旅館找他的。不知您認識他否？如果還健在，我很想跟他聯絡。您如有他的地址，請告訴我。

　　日前重讀劉賓雁的《中國の幻想と現實》，而發覺您那一篇「解說」〔附錄二〕是極有內容的中國現實的評論。初讀時注意力大概被劉文分散，沒有體會到此文的真正價值——實在是一篇完整的論文。有如此水準的文章，在《文藝春秋》或《中央公論》也不見得很多。吾兄的見識、筆力大可在日本論壇發揮一下了。

　　我的書一延再延，大概八月中才能上梓。我已託敬生到時寄乙本給您。祝健康！

---

❶李獻璋（1911～1999），台北縣人。開創期的台灣民俗學家。1943 年移居日本，後來一直居留在彼邦。主要編著：前期有《台灣民間文學集》（1936），後期有《媽祖の研究》（1979；日本，泰山文物社出版）。1961 年獲得日本國學院大學文學博士學位。
〔補述一〕　請參照第二章〈與李獻璋先生的兩次會晤和其他〉。
〔附錄二〕　請參照第三章〈《中國の幻想と現實》中的「解說」〉。

第八信 陳書
日期不詳

　　來信收到了。李獻璋的住址是東京都新宿區若葉×××。五十年代後期，李獻璋回台到台中拜訪您父親、葉榮鐘，表示要探望我父親，由您父親與葉先生陪同到塗厝厝。我父親寫信來日本要我拜訪他。與他交往幾次，我覺得此人非常討厭，後來他寫一封絕交狀給我，使得我不需要再與他來往。葉先生的女孩（長女）嫁到日本，當初也寄宿李獻璋家，後來鬧得葉李兩人感情很不好。葉先生大概沒有想到李氏的脾氣與常人不同，所以才會把女兒寄宿李家。總而言之，這個人很怪，都是在罵人，他稱讚的只有兩個，一個姓郭❶，另一個就是賴和，都是不在世的人。其餘的人都罵，而稱讚自己。他對我說，他的思想湧溢不止。並大言不慚：台灣五百年，出一個李獻璋。眞是他敢說，我不敢聽。這是一九五八～九年的事了，後來有沒有修行我不知道。但是大概無法改變吧。您跟他交際，要事事小心，一不小心，他便會說您無禮。他的性格古怪異常，是有名的，被列入日本華僑三大怪人之一。他的絕交狀，我到現在還保存。後來說要告我，要我道歉，我不理他，也就沒有提出告訴。其實，有什麼好訴訟的呢？他的地址，我是打電話問華僑總會而知道的。也沒有聽見他死，大概還在世吧。

　　我寫的「解說」承您稱讚，眞不敢當。寫後我亦頗覺得意，讀您信後又過目，感覺如此如此而已。那一篇寫在東歐、

蘇聯崩潰之前，有一點先見性罷了。寄給您的那幾篇文章，都是馬馬虎虎過得去而已，雖个算壞，也談不上好，我寫的文章如此而已。經過三、四年後，自讀而感覺好的文章，寫不出來。我一直在等待您的大著。前來信說五月要出版，所以每天看信箱，今天知道八月才出版，使我非常洩氣。您那一篇〈陳滿盈先生〉流露出您的真摯的感情，文章又寫得很平順，我感覺是篇好文章，先父吟詩，的確如您所說，有「感動自己，也感動別人」的成分。還有，您說葉榮鐘在同輩中首舉虛谷，也在我預料之內。您沒有寫，我个好意思自己說，您寫了，我就今後可以順便提起。您是什麼時候問葉先生的？（以後寫有關文章時要引用）至於周定山的詩好，我是讀了您提供的先父寄給您父親的信和您這篇文章才知道的。先父寄給遂性叔的信中，亦說莊幼岳⓲的詩才高強，是不是？您說賴和「大智若愚」，非常中肯。您的文章裏有很多錯字，都修改了嗎？……《陳虛谷選集》，就是沒有寄給我校對，所以錯字很多，直到現在，仍覺遺憾。您千萬要注意。葉榮鐘先生的兒女，有沒有認識？您如果認識，他們手裏有沒有先父的信，請您代問一下。

⓱大概是指郭明昆，郭的遺著《中國の家族制及び言語の研究》是李氏編輯，六十年代在日本出版。

⓲莊太岳之三男，一九一六年生於鹿港。名銘瑄，字幼岳，詩人。曾編輯《虛谷詩集》（1960），《太岳詩草》（1968），《徒然吟草》（1991）。著有《紅梅山館詩文集》（與夫人高雪方女士共著，1993），《紅梅山館瑣稿》（1995）等。現任中華詩學雜誌社副社長。

第九信 陳書
1992年7月15日

敬生君寄來大著，昨日收到。花台幣二二七元以航空寄來，用心至感。

沒有想到您與徐復觀、蔡培火、洪炎秋、葉榮鐘諸位有那麼深厚的感情，您們的交情之深，真令我大吃一驚。由他們對您的尊重，可以推知您的做人與見識，同時亦感覺他們是很好的父執輩。我沒有您的本事，也不想與父親的朋友交往太深。看您與蔡培火談問題，一點也不萎縮，能說自己想說的話，非常難能可貴。洪炎秋連李敖的問題也提出來，李敖打徐復觀的官司也向您說，可見他當時非常氣憤。總之，林莊生先生原來是與徐復觀、蔡培火、洪炎秋、葉榮鐘可以平起平坐的大人物，這一點是拜讀大著，印象最深刻的一件事。

這裏翻看幾頁，那裏翻看幾頁，也讀了不少頁，剩下的慢慢讀吧。

關於二二八的您的見解，我覺得很好。當時台灣人的確把新來的政府與過去的政權比較。一個剛過去，一個剛新來，提供了比較的最好機會。

您在頁250說，出國後與葉榮鐘見面的第一次是一九七四年，給我的信說一九七二年他到加拿大，到底那一個正確？

錯字很多，有些錯字，非您無法校對，以後寫書，至少要自己校對一次。……

　　以上僅把與陳虛谷有關的地方奉告，作爲您再版時的參考。您出版多少本？希望再版。

　　林獻堂的日文信是他本人寫的嗎？應該是您對照了筆跡，斷定是他寫的。

第十信 林書
1992年7月24日

　　七月十五日之大函非常喜歡，好像吃了一席「yosena-be」（火鍋）或「sukiyaki」之類。有菜、有肉、有海鮮，鍋裏的湯汁氣味猶好。我看您的信寫得一氣呵成，不修改、不停頓，對我來說幾近「神技」了。我現在寫中文還相當不自由，因此寫信喜歡用日文（快，寫不出來的字不必查字典，用假名就可）。不過，看了您幾封信後頗受刺激，非發憤不可。

　　〈陳滿盈先生〉那篇得逸村兄贈送幾封影印的手信，因此增加到八千字左右。逸村兄也提起虛谷不師承幼春先生乙節不妥，現在已把它 delete 了。我的本意是要說滿盈伯的詩風與幼春先生不同而已。這種外行人說內行事還是不說的好。

　　錯字很多是我的性格，這也是讀書不求甚解的大毛病。不但中文如此，日文、英文均如此。現在大家都用 computer 寫英文，寫完後用 spell check 可以改正，所以自己有多少本事一目了然。我的稿子送去自立晚報後，他們會另請高明修改、校正，所以希望最後成品不至於太離譜。

　　關於葉先生所說「論詩虛谷第一」是一九七四年他來 Ottawa 時我特別問他的。去年回國見到從兄莊銘瑄，我問他葉先生評定周定山為第二是否同感？他說不同感。因此我又問他：「何人為第二？」他答不出來。可見第一名大家沒有異議，但第二名就沒有那麼簡單。《懷樹》書中還有一節談虛谷

先生的（在〈林獻堂先生〉乙章），請注意。

陳書
1992年8月3日

　　信收到了。您如果知道葉榮鐘先生是不保存朋友信函的人，那就不必寫信問他的子女了。我原來以為他可能保存先父的信件，是因為光復後我父親到台中訪問葉先生，回來告訴我葉先生的書房整理得有條不紊，筆架硯台都很整齊（我的父親連專用的書房也沒有，毛筆硯台之類，甚為零亂，誰都可以拿起來隨便寫），再來就是我看到《少奇吟草》⓳，葉先生的詩作，按照年代的順序排得很整齊（您寄來的《徒然吟草》亦然）。我的父親則不然，那些詩是什麼時候做的，大抵搞不清楚，要花很大的力氣去調查。由這兩件事，我猜想葉先生很可能保存朋友的信函。看到您的信，才知道我的猜測錯了。那就不必寫信問葉先生的家人了。葉太太現在還健在嗎？嫁來日本的大女兒已經過世好幾年了。

　　我說您的文章錯字多，意思不是說您寫錯字，而是說台灣的排印錯字多，所以要自己校對才好。我編輯《陳虛谷選集》，因為沒有寄來給我校對，錯字約有一百處之多。因為我不懂漢詩韻律，即使寄來，有些錯字仍無法改正，但是如果寄來，錯字可以減少一半。

⓳葉榮鐘先生生前自選自編的詩集〔照片二〕。

第十二信 林書
1992年8月13日

　　八月三日的大函收到了，謝謝。關於葉先生是否收藏令尊的信乙事，我的回答是根據自己的經驗，因為我也問過芸芸相同的問題。但為慎重起見，您最好直接問葉夫人，她的地址是×××。

　　葉夫人的日文水準極高，我時常用日文跟她通信。她現在寄寓在台中她二兒處。關於葉先生的著作、詩集、遺稿均整理得條條有理的原因，是因為他去世前一年動過大手術，出院後知道來日不多，因此都經自己整理過。

　　我父親的詩集也是他自己取捨、選擇後經銘瑄兄抄寫。但大概自己還認為不滿意，第三稿還有很多修正，這次出版也是經銘瑄兄修訂。看過前輩人的詩集，而感到最不滿意的是他們都沒有作品的年、月、日的記載。先父的詩集有不少前言或後語，對了解詩有很大幫助，但也是沒有年、月、日。因此我現在碰到朋友就鼓勵他們養成記載年、月、日的習慣（特別是信）。

　　盧伯毅兄是一位志操高潔的人，雖然接觸不多，我對他印象卻極佳，您應該寫一篇文章紀念他。有一次我告訴他，他的面貌很像孫文。他不太相信，因此，我就把父親所藏的《東洋史大系》中的一頁翻給他看（孫文的年輕照片），他似有同感。當時孫文不是日本教科書上的模範人物，盧兄沒有多言，

但我察覺到他高興我的比喻（貌像、志向也像）。我常常見到他是因為他是丁伯雄兄的同窗，而我們住在丁家的樓下，所以時常有碰面的機會。壯士暮年的情況如何？這是我很想知道的。

　　我的書大概這個月中旬會發行，希望這是乙本「您敢說，我敢聽」的作品。一笑！

 林書
1992年9月11日

「讀後感言」（指第九信）收到了，非常感謝。「平起平坐」實在太不敢當。我本來跟您一樣，對父執輩是採取「敬而遠之」的態度。這種情況，出國後突然轉變，是有幾種原因：第一，先父是在他同一群的朋友中頭一個逝世，因此給每一個人感情上相當的衝擊與關懷，這很自然地使他們「愛屋及烏」而關心到小輩。第二，我人在國外，心中的話只能靠寫信，而寫信的好處是餘音裊裊，不易消散。第三，人愈老朋友愈少。像蔡培火先生外面看來很熱鬧，其實「高處不勝寒」，在這種環境裏碰到像我這種「初生之犢」，他反而感到溫暖、真實。第四，我們與前輩思想上的差異主要是時差（time lag）。譬如說我們三十歲時的見識大概不如他們五、六十歲的見識，但到了我們五十歲，他們七、八十歲時，兩者見識的差異即變得很小。我跟他們的交情大多是在這個階段。現在人的壽命很長，兩者思想水準相平衡的期間相當長，我想今後這種超世代的交情是可能的。

講到錯字太多實在是「見笑」之至，我自己查出的就有120處以上。自立晚報排印後送來給我一校。當時是直排，字號不分，段落不清楚。因此，我要他們出版前一稿再給我一校，結果他們大意沒有送來，致使錯字連篇，真是汗顏之至。希望再版時能大大地修正一下。

　　關於獻堂先生的日文信是否由他本人所寫應對照筆跡問題，請您比較頁 293 和頁 294 的照片就可知道。這兩張是在同一信封中。我對自己鑑定筆跡的能力一點自信也沒有。前年芸芸送來乙本她父親的文存，我一看其中一半的筆跡很像先父，但經施維堯❷先生鑑定，才知道原來是出於他（施）的手筆，眞是妙肖亂眞的程度。我認爲日文信與詩的筆跡是同一人。信中的筆調也跟林氏的性格符合，拘謹而並不很流利。

　　我再過二、三年就可以退休，因此不必再爲吃飯問題而考慮這個或那個。我打算用畫圖和寫文章爲此後的生活重點。問題是能寫什麼？我正在摸索中，很想找個機會聽聽您的先進經驗。看台灣的出版界，文章是不難發表，但銷路則競爭激烈，非有相當的內容或新的東西不可。

---

❷施維堯（1911—），葉榮鐘夫人的親弟弟。請參照拙文〈台灣的文化人——施維堯先生〉。現收入於《一個海外台灣人的心思》（望春風出版社，1999，186 頁）。

4. 1993 年（第14至第31信）

第（十）（四）（信）林書
1993年2月25日

　　這幾天來，台灣政局變化頗多。有位朋友送來一張《自立周刊》，其中王作榮教授之乙文❷❶頗值得重視。也許您已看過，送上做參考。我看過您的「後語」、「解說」幾篇文章後，覺得您是可以當政治評論家。我送去王文的動機是想藉此觸發您的發動機。

　　另一篇是《懷樹又懷人》的書評❷❷，這是我看到的唯一的反應。據作者告訴我，她本來投稿《中國時報》，但被退稿後改投《自立晚報》。大概此文台灣意識太濃厚，《中國時報》編者不甚同意。台灣目前言論十分開放，但大報、主要雜誌還是有很多警戒之心。

　　我打算三月中回台省親，因時間只有一星期，而且帶小犬同行，不打算在日本逗留。「會見」之期只好留在下次。

　　李獻璋先生終於聯絡到了。他送我幾篇他的論文。據說，他與先父已絕交，當年得博士榮銜後回台時，不但不賣他的

帳，還受侮辱。信中提五、六個人，全部都屬「人間にあら
ず」（非人）。在他眼裏，我們一族中，只有莊伊若（我的大
伯）還稱得上「人」。他的論文是有學術水準，但私人見解則
絕非能苟同❷。

❷王作榮：〈李登輝總統的施政理念及其成就〉，自立周刊，2 月 12 日，
　1993。

❷阿丕：〈台灣精神──《懷樹又懷人》讀後〉，自立晚報，12 月 14
　日，1992。

❷前者指李獻璋著《媽祖の研究》（日本，泰山文物社出版，1979）。
　後者指李獻璋的論文〈日本帝國主義下の台灣社會運動における林獻
　堂〉（日本，《問題と研究》2 月（上），3 月號（下），1990）。

陳書
1993年3月6日

好幾次想寫信給您，但覺得雜事多，情緒不安定。承寄兩篇文章，我都未見過。多謝。王文還未讀，阿丕的書評寫得不錯。您的著作給我的印象，可以說您是以民主主義爲基本的人，這一點我亦受到啓示。對徐復觀表示台灣不宜獨立時，您提出來的意見，也令我有所深思〔補述二〕。第二點，我感覺您是把日據時代台灣文人的交往情形寫出來的第二個人。第一個是葉榮鐘，而您的文章在這方面寫得非常有力逼眞，您手裏的信件，發揮了極大的作用。我也寫了一點點，而我感覺這方面的資料太少，所以今年一月間嶺溪學會發動陳虛谷紀念活動時，我曾寫了幾封信給台灣的家人敦促莊幼岳先生講演或寄稿，把他知道的林獻堂、莊太岳、莊遂性、葉榮鐘、周定山、陳虛谷等人，他們交遊的情形，以及幼岳對他們詩作的看法寫出來，以使那一部分台灣詩壇史得以留傳下來。我的姐夫與家兄拜訪幼岳先生，請他演講或寄稿，好像沒有得到他的同意。陳虛谷紀念活動有音樂會、學術演講、回顧展，也搞得熱熱鬧鬧，可惜，我沒有回去。各報亦刊載了些紀念的文章。您如果回途在日本逗留幾天，我可以給您一些資料。您一個人在日本逗留幾天不行嗎？最好從台灣打個電話告訴我抵達日本的時間，那麼我就到機場接您。三、五天，如不棄嫌，住我這裏吧。我猜想您此次回台，是爲遂性嬸九十大壽吧？請轉告她我

由衷的祝意，並告訴她我非常思念她。我最後見他是在台大醫院，令先尊住院的時候。您在信中曾說，前年是爲令堂米壽（林註：日本人稱 88 歲之生日為「米壽」，蓋「米」字可拆成八十八。）回台，算來今年自然是九十大壽，對不對？回途來日事，請多予考慮，下一次什麼時候能見面，很難說了，到了這樣年紀，更有此感。不是嗎？也許看不到我了。

再談您的書。我與阿丕有一不同意見，我認爲您的中文寫得很好，簡明通順，與寫慣中文的人比較，一點也不遜色，阿丕的文章，不見得比您好。問題是錯字太多，陳虛谷的簡歷，年代亦有兩處錯誤，如要再版，此外可再奉告幾處誤字。

此後您想寫什麼問題？宜蒐集些資料，時時進行準備。我想還是離不開台灣吧？歷史、社會、政治、未來均可涉及，現在就可以開始寫了。從短篇著手，看您喜歡寫什麼問題，請您的弟弟們找投稿的雜誌。文章多了，將來編成一本書，二本書……。《懷樹又懷人》銷售情形如何？還有一件事忘記寫了，就是您對賴和的看法，是我看到的有關賴和的評論中，最簡潔而又中肯的評語。賴和確是大智若愚一類的人物，這四個字您說得非常恰切。不過，我反對台灣把賴和、楊逵、吳濁流等人奉爲聖明的作法，爲了強調台灣意識及台灣人的地位，而把這些人拉出來當做神聖不可侵犯的人物，把他們說成如同無瑕疵的聖人，這樣的作法也太過分了。

〔補述二〕請參照第二章〈民主主義下的國家觀〉。

第十六信 林書
1993年3月23日

禮拜天（3月21日）回到 Ottawa，馬上拜讀了3月6日的大函。這次經過日本雖然沒有見面的機會，但總聽到您的聲音，非常高興。您的信跟其他我最近收到的很不同。材料極新鮮而篇幅相當大，也許年齡的關係，最近朋友的來信都像「線香花火」（日語：一瞬即逝之意），不能滿足「人食漢」的食慾了。

(1)您想要幼岳談談令尊及其他友人之事，我已在電話中說明過，恐怕非常困難。理由是片段印象很難成為文章。我前年回台時見過陳盤谷（陳炘的長子）、莊幼岳、施維堯等諸位前輩，問了些事，但所得極有限。他們的話可以觸發某些您已有的觀感，但不能構成面的發展。我認為看他們的信、或詩、或文獻上的記載比較有用。前一輩的「述而不作」對後代人是一種歷史負價。台灣史的困難實是這種直接文獻的缺乏而來。

(2)現在談先賢的人很多，但大多數是由間接資料而來，因此虛像與實像的差距愈來愈大。到底知道「實像」的人愈來愈少，而談「虛像」的人只憑感情移入的方法自我發展，流弊很大。

(3)我確實想進入寫作的領域；問題、目標當然是針對台灣。因此極須要 master（搞好）中文。我雖出國已有三十年，念念不忘的還是故鄉台灣。俗語說：「貧家出孝子，亂世

出忠臣」，我的台灣情結可能是時代背景的產物。

(4)《懷樹》雖受相當的佳評（編輯、作家及在美國同學的反應等），但不是銷路書，第一版還沒賣完。離開台灣那天突然接到兒童文學家丁淑卿女士的電話，對竊作極推重，我告訴她實際銷路狀況。她說這種書要受人注意須要一段時間。看台灣出版界的狀況，確實如此。

(5)您說我的記性好，我自己倒不覺得。警備召集在當時是一件大事，終生難忘。因爲這是我出生入死的頭一次經驗。很多記憶是由觸發而來，此段記憶是看了《紀念冊》❷而來的。您說您已經不太記得這段生活，但您看過我的記述後，一定會回想起您自己的經驗。我們缺少的就是這種可能引起回憶的「手づる」（線索）。

---

❷賴伯絃、王紹宗等編：《台中一中第三十期畢業四十年紀念冊》（上、下）。一九八九年私人出版。

（第）（十）（七）（信）林書
1993年5月18日

　　日前翻看台中一中三十期的《紀念册》時，發現×××的一篇文章，其中有一段談及跟我兄在台中一中時的小掌故。我把它影印一份給您將來寫「回憶錄」時的參考。

　　這次回國時，王紹宗❷兄告訴我許秋滄❷先生爲贊助《紀念册》贈送台幣三十萬。王兄目前在許氏的公司服務。順此奉告。

---

❷台中一中三十期同學，現任台中一中校友會總幹事。
❷逸雄的台中一中同學。現任台中一中校友會會長及該會基金會董事長。

第十八信 陳書
1993年5月24日

　　信收到了。小人物怎麼會寫回憶錄呢？無此可能。

　　毛澤東的文章寫好了，但是最近大陸加緊出版管理，尤其對毛澤東的書籍的出版，管理較嚴，因為著者住在大陸，不敢出版日譯版，現在尚與作者交涉中，不知能否成功。作者的文章基本上是肯定毛澤東的，應無問題，但是我對毛澤東頗多批評，我擔心我寫的文章會不會對作者產生什麼不利的影響。出版社說不會，但願如此。現在是作者這一關還沒有打通。

　　《陳虛谷選集》裏的一張相片，坐在令尊與葉榮鐘先生中間的胖胖的人，是陳紹馨？這是我於去年底聽說的，據悉是您指出這個人是陳紹馨。我知道不是連溫卿，但不知道是誰。陳紹馨的經歷您知道嗎，哪裏人，做何事？

　　您特撥時間寫信，怎麼不寫多一

〔照片五〕
陳逸雄收藏的莊垂勝的字。

點？

PS. 現在家裏掛著一幅令尊一九六〇年寫的字〔照片五〕，很
　　有味道，我本來希望他寫家父的詩給我，但是兩幅都寫他
　　的詩作。也不給我落款，哈哈！

第十九信 林書
1993年6月2日

　　五月廿四日的大函收到了，謝謝。好像吃了一碗道地的牛肉麵，又香又好吃，真是經濟實惠。我說「牛肉麵」未免把大文估低了。其實對我來說這是「名貴菜」。渥太華人口只有三十萬，而中國餐館大概有三百家之多。大部分是香港移民經營，台灣來的只有兩、三家。這三百家中，能夠做道地的牛肉麵的只有一、二家。物以稀為貴，我說它是「名貴菜」是這個道理。我寫東西一定要引發才能發動，你的信真是提供了很多說話的契機，現在分別說說罷！

　　(1)《陳虛谷選集》要重新付印，盼望早日實行。我寫《懷樹》時，你的註解幫了很大忙──如名、號、字。希望「註」能再增加，使其更詳細。照片中有二人名不對：「連溫卿」是陳紹馨之誤，「廖先生」是涂壽眉之誤。陳氏是台大社會學系的教授，畢業於東北帝國大學，他大概是台南人。他是先父很要好的台大三位台籍教授之一（其他二人是洪炎秋與陳茂源先生）。涂先生是外省人，國大代表。他是徐復觀先生的好朋友（見小著頁85）。（奇怪，此事早就告令兄，怎麼你還不知道？）

　　(2)你要我寫序文，真是嚇死我了。不過，我覺得這是一個大挑戰，值得試一試。困難的是，剛寫完〈陳滿盈先生〉，沒有什麼新觀點、新材料。講過的東西再提出來講，實在沒有意

思。如果真的要寫，非有一段「苦思」才能擠出東西來。你說從前的序文全部不用❷，為什麼？我覺得張文不錯。陳、王兩篇也很有特色，但這種「反封建、反帝」的愛國觀點太不實際、太舊了。他們因為根據「信念」，對陳虛谷這個人物的類形化是有成功的地方，但對其為人乃至感觸方面是交白卷。對我來說，〈警察〉❷這首詩比什麼反帝理論表達得更深刻、更富實感。

⑶你的《毛澤東》遲遲未發表是由於顧慮到作者的處境。這是生活在不自由的地區者的悲哀。如果真的不便，用筆名如何？我看過你的解說文後有一種感想——你的批判力很高，何必老夫翻譯他人的作品？你是到了可以寫自己東西的時候了。老實說，殷、劉的理論基礎不高於你。他們有他們特殊的經驗，但你也是非常獨特的，可以獨樹一幟了。最近在《中央公論》看了許世楷的兩篇文章，但都感到乾燥無味，沒有你文章上的吸引力。我希望你在日本或台灣的雜誌多多發表。我因為生活在這種 publish or perish（不發表即滾蛋）的社會，對這一點感到很重要。

⑷朱點人先生的「罵曹精神」我也不了解。我曾問過施、莊兩位關於它的出典，但都無法獲得。

⑸我在台灣有個弟弟和一個朋友替我辦台灣方面的事情。屢次託他們物色台灣出版的好書或好文章，但不甚滿意，因他們都忙於事業，對這方面的注意力不高，實際上是幫不上忙。訂雜誌可能是好辦法，你如看到好書或好雜誌請多多介紹。

　　(6)你不是小人物。你的經歷，別的不說，只講你是日本、中國兩個時代的過來人，這一點也足夠「話當年」了。我覺得「回憶錄」不必看得太嚴重，可以把它當做給下一代「講古」看。試想如果我們的父執輩當年留下這種記錄，下一代的人要寫當年狀況不知該多容易。最近因辜汪會談，辜顯榮的歷史評價重燃台灣的史學界。我當年在丁淑豪兄處看到日本人編的《辜顯榮傳》，是一本很厚很厚的書，我想你一定看過才對。你爲什麼不出來「重評」一下？我覺得這是很有意義。而且你身邊一定有不少他的資料。

　　(7)關於×××的文章，我也覺得太不可思議了。因爲這樣的大案（如像他所說那樣），不會從沒聽過或看過。這次回台，王紹宗兄告訴我：戰爭末期，有一位少校級的憲兵來到小室律師家，跟小室一郎㉙的父親交談一陣後，單獨跟小室面談；問他同學中有無「不逞之徒」，小室回答說：「我的朋友沒有那種人」。可見當時日本人是很小心地觀察台灣人的心向。如果這個案件如ｘｘｘ所說那樣，日本人是不會輕易放過的。謝謝告訴我眞相，要不然我又要上當了。我覺得最近台灣人言過其實者太多，此風實在不可長。

㉗《陳虛谷選集》（1985）有五篇序文，由楊雲鵬（楊雲萍）、王曉波、李南衡、陳映眞、張恆豪分別執筆。

㉘此詩見於《陳虛谷選集》158頁。「凌虐吾民此蠢才，寇仇相視合應該；兒童遙見皆驚走，高喊前頭日本來。」

㉙台中一中三十期的日本同學。其父是當時台中市有名的律師。此段掌故是他戰後來台時說的。

陳書
1993年6月26日

「罵曹精神」的出典怎麼不知道？虛谷贈遂性詩，有一句「醉後猶能痛罵曹」（見《陳虛谷選集》，頁 244）。你自己不是引用在頁 183 嗎？出典在這裏。（你認為「醉後」好，或是「激憤」好？我覺得「醉後」較為自然，比較好。）我問你的，不是出典，而是問朱先生的意思是不是說賴和是被警察害死的，所以弔詩中如果罵警察，罵總督府就會更好？問題是賴和死於一九四三年，斯時斯地，要發揮罵曹操的精神，恐怕不容易了。朱先生敢嗎？

寫回憶錄，我非其人，完全不感興趣。近年來我讀的回憶錄，感覺最好的是《劉賓雁自傳》，可以當做中國現代社會史來讀。

過去翻譯幾本書，理由無他，就是不需要用多少頭腦，可以邊看電視邊搞翻譯，二、三個月弄出一本書來。要著書立說，便不能這樣糊塗過日子了。一輩子迷迷糊糊過來，規矩緊張的生活總不太合適。最近對翻譯也失去興趣，想收腳了。

我說令尊沒有落款，是指沒有上款，沒有把我的名字寫進去。蓋章也沒有，但是何必補蓋？保持現狀好。我手裏令尊寫的字，共有四軸，其中一九三○年寫的草書，可以說是令尊的傑作，是他自覺不錯，拿出來給家父看，家父把它帶回來的。也許是令尊寫得最好的字。（或是我的一廂情願？）

　　對辜顯榮，我一點也沒有興趣。你說的那本厚厚的《辜顯榮傳》我也有，但是他值得再評價嗎？據說辜振甫最近來日本時，私下表示倦意，說民進黨人士責備他：你的父親引日軍入台北城，現在你要引中共入台灣嗎？聽來也好笑。你提起辜顯榮，《文藝春秋》就載有一篇關於辜振甫的文章，諒已讀過吧。我還沒讀。

　　我向來也是懶於寫信的人（一年來寫的最長、最多的，就是給你的信），但是寫信給住在台灣的人，常常得不到回信，究竟比我懶惰的人也不少。比如說，我寄四本譯書給台灣的七個兄弟，幾乎沒有收過他們的信，你相信嗎？

第二十一信 林書
1993年7月16日

你說你是懶於寫信的人，可是年來收到不少你的大函，不但分量多，內容也極有趣。老實說，每次看到你的信封（還沒見內容），我就雀躍一番；眞有點像接到新書刊的味道——what is new 的期待和喜悅。

「痛罵曹」，我以爲是三國誌裏面的故事；患了典故恐怖症的人，每看到一些生疏的字就來一場「自作多情」的庸人自擾，眞好笑。「醉後」比「激憤」好，前者有一種境界，後者即太通俗了一點。朱點人先生是牽連台共而被槍殺，眞是太可憐。我本以爲書出版了以後可能會跟他家人聯絡得上，結果還沒有。不但朱氏我沒見過，黃春成先生我也沒見過。因此一直期待著讀者的回音，但都沒有。你說把四本翻譯書送給七個兄弟姐妹，但沒有回音，我並不覺得奇怪，因我這次出版書，送了二百多本給親戚朋友，回音的還不到 5%。住在台灣的人大概沒有 acknowledge（答謝）的習慣。幾年來因經濟發展，人人向錢看齊的當兒，想要看書的人大概很少。

最近寫了一篇四、五千字的紀念某前輩的文章，送去自立晚報竟被退稿，說是稿太擠。有個朋友告訴我說：「目前台灣讀者喜歡趣味性（電影明星、流行）的東西，對比較嚴肅的、理論性的東西，都不屑一顧，因此副刊（文史）的篇幅越來越小。」我不知這是否實情，不過，對書的冷漠是世界普遍的現

象。

　　你對「著書」好像躊躇不前似的，是因你把「立說」緊緊
地接在一起。我覺得你是可以「著書」而不必「立說」的；只
要把目前的「解說」擴大一點，把「引用文」縮小一點即可。
我是學文抄公的故技，把「信」抄上，然後加以「解說」而
已。既然學問有限，不足「立說」，只好順水推舟，「趣味」
下去罷了。你已完成了四大巨著，再加《毛澤東》乙書，筆力
應是毫無問題，缺少的是「五百年來只出一個×××」的膽力
而已。如果在台灣，我會勸你吃「蛇膽」❸，如果在日本，我
是勸你來北美走一走。因為往往把「觀點」一轉，以前看來很
通俗的會變得很美麗；以前看來很偉大的會變成毫無價值。聽
說日幣昇值，紐約的日本遊客已達一百萬之多。請你考慮考慮
北美之行如何？如果不願跑太多太遠，渥太華一地也夠有意思
的。

　　看你對《劉賓雁自傳》有極深刻的印象，我也去台灣訂書
了。你大概是把自己放在中國現代史上與著者共同體驗、共同
苦思的結果罷。「六四」發生時，我在美國電視上看過劉氏的
記者訪問。他說話很客觀而悠悠不迫，像是一種歷史解說而非
現象解說。其他中國留學生都用英文，只有他用中文說明，很
像一位大學教授，印象極佳。

　　關於照片上的人物，我都看了，但你點不出的人物我一個
也認不出來。說來《懷樹》中一張矢內原忠雄的像片是我花了
一番工夫點出來的。本來我家也有這張照片，有一次我們萬斗

六之家被劫，一箱照片（包括《陳虛谷選集》中的好幾張）全被盜走，我一直耿耿於懷。沒想到看李筱峰的《二二八菁英》時，又發現了這一張。著者雖註明了前排幾位，但無法認出坐在中央的是矢內原。小時候好像聽先父說坐在中央者是矢內原先生，但沒有自信，因此叫敬生去找矢內原的高足張漢裕先生。張先生說他有 95% 的自信這是矢內原，但因這張照片是矢內原較年輕時的像，他不能百分之百地說沒錯。經過一年，有一次施維堯先生來渥太華時，他一看像片即斷定是矢內原無疑。於是，這張富有歷史意義的照片裏的人物全都點出來了。我覺得照片上除了說明主角外，點出旁邊的人物也很重要。

---

❸⓿ George Orwell 的《Animal Farm（動物農場）》中有一則口號：「Ignorance is strength.」（無知就是力量），所謂「蛇膽」也者，就是指這種「力量」。

第二十二信 陳書
1993年7月24日

　　來信收到了。一年多來，勤於寫信給你，每次分量幾乎超重，是我的寫信史上，值得特筆大書的。不可不再強調一次。與你書信來往後，亦覺得有對象可以訴說心思閒情也好，這大概是年老的兆候。其實，很希望早死。虛谷以「醉後猶能痛罵曹」一句表示遂性是有正義感的人，這首詩，朱先生大概是在台灣新民報看到的吧。曹操在戲劇中、講古中，一直扮演奸臣壞蛋的角色，朱先生希望弔詩中有罵曹精神，對賴和的死來說，該罵的曹操是誰？但是在一九四三年要罵總督府、日本政府恐怕都不容易，所以我問你，「朱先生敢嗎？」你說朱點人、黃春成後人都找不到，人文的變遷實在很快。我翻譯小說時，想知道蔡秋桐的消息，也找不到。日據時代的文學家、社會運動家的後世，記錄先人的事蹟者，我僅知林莊生、張光直（編張我軍文集）與我三人（丘念台、洪炎秋且不說）。這個數字，真是少得可憐了。當時在各方面活躍的人，有好幾百個人。你說這個數字不是太可憐嗎？現在就等候葉芸芸的書了。這種事情也受不到重視，正如你說，大家都向錢看。什麼文化，什麼歷史，均變成了裝飾品，有必要時拿來裝門面，沒有必要就踢進倉庫裏。

　　在日本，很多大人也看漫畫，漫畫的週刊雜誌似不只一、二種。歷史、政治問題，也以漫畫書出現，我的兒子快三十歲

了，看電視也常看漫畫，看滑稽節目，眞了然。這是世界的趨勢，我想台灣的情形，大概不會比日本好。日本人的好處就是認眞。日本人很優秀嗎？不見得。但是他們肯努力，能吃苦（能吃苦原來是中國人的長處），認眞做而得到今天的地位。對學問、對工作都如此。細節雖然做得不錯，大方向常搞錯，大方向搞錯了幾十年，就要國破花濺淚。

　　別人的事情休說，我們漢人不是很糟糕的人種嗎？眞不善於吸取歷史的敎訓。有些人開口便說，以生爲中國人爲榮，其實應該趕快脫離這種自我催眠。不論回顧已往或是眼看現在，生爲中國人實在是一件痛苦的事。看看那些坐破船，度過一百多天的非人生活，終於在美國海岸淹死的中國靑年難民，誰能無感慨？現在還算好，一九五九年到一九六二年之間，中國農村餓死二千萬人以上，相當於現在的台灣人口。毛澤東做爲一個政治領袖所犯的罪惡，遠比蔣介石大。一國的人民，除非給予敎育，總未能脫離愚民的境界。然而問題在于不可沒有敎育，但是敎育不能解決所有問題。我們的社會，基本上依靠敎育，敎育愈高，社會與國家愈先進。但是從日本的種種現象，我感覺敎育有其局限性，應該用什麼來補救敎育之不足呢？現在，我們的社會是以敎育與法律維持秩序，但是我覺得這個社會不怎麼好，有什麼方法來改善它？資本主義社會的矛盾多，並不是好的社會，因此有了社會主義的抬頭。令人感嘆的是，應該超越資本主義的社會主義，一經實施，個個都變成壓制人民的制度。實在可嘆。我本身看過去的台灣在蔣獨裁下的情

況，也是對社會主義抱過很大的期待，所以對這半世紀來的世界的演變，感受良深。

劉賓雁的好處，在於他的誠實。讀他的書，可以感覺到他善良的人性。你讀我的譯書，應有這種感受才對。

看家裏留存的一些相片，都不知道裏面的人物是誰，這確是一個需要解決的問題，時間愈久愈沒有人知道了。你在著作中說，現在日本的中學已沒有「漢文」課程（頁 51），這是錯誤。日本現在中學、高中都有漢文課，只是沒有以前那麼重視而已。考大學，理工科似可以不選漢文。雖說不重視，內容不簡單，大都出自論語、孟子、易經、史記、十八史略等古書，我不懂意思的很多，我想一般學生未必能理解，不過日本的中國文學者也是經過這樣的課程長大的，所以不能說漢文課程沒有用處。貴著，頁 290 第三～四行，「請於便中賜教」，你註解「便（日語：信）」。我想便中本來就是中文，我的中文字典有這句話，解釋為「方便的時候」。《三友集》❸頁 64 倒數第四行，蘇薌雨的「便中訪問紐約」請你參考。「便中」就是「順便」。

四千五百字的文章很短，即使退稿，損失不大。不看文章，不敢提意見，不過可以寄給其他的報社或者雜誌社再試嘛。民眾日報怎麼樣？民眾日報好像亦是對台灣本土比較關心的報紙。今年一月的陳虛谷紀念活動，民眾日報亦以一面篇幅刊載有關文章。

我對著書沒有很大的熱意，不是沒有膽量（寫書不需要膽

量），而是沒有很想寫的問題。有熱意的對象才來寫，不過沒有熱意，不想寫，也許是腹中無物所致，哈哈。大部分的書，屬於可以讀，亦可以不讀之類，我亦加進去，有什麼意思？寫解說與著書，我總認爲差不多，所以不急于著書。這一年多，好像都浪費掉了。這兩個月半，寫了二十封信，寫得眞懶。尤其是不得不寫的信，寫來最苦。我去北美？幾乎不可能。

　　我以爲紙都用完了，沒有想到還有一張空白處。繼續寫下去吧。

　　最近有事寫一封信給家兄，順便（這裏用「便中」，可當中文亦可當日文讀）提起你的著作，加以肯定了一番，他來信說，你早年出國，中文寫得那麼好〔補述三〕，令人吃驚，又說有實行力，是罕見的人。因事回信給他，問他何謂有實行力？那麼稀罕的人？迄今尚未接到回信。

㉛《三友集》是蘇薌雨、葉榮鐘、洪炎秋三人的文集。1979 年由中央書局出版。

〔補述三〕請參照第二章〈我如何學中文〉。

第二十三信 林書
1993年8月1日

　　七月廿四日的信收到了，說來我的運氣還不錯，碰來碰去碰到 right person，而且時間上又是此人寫信史上的鼎盛時代——難怪每一封信都是長篇大作——讀來不但有趣，而且具有相當的啓發性。你的中文眞像日本人所說的「立板に水を流す如く」（像把水倒在豎立的板上），流暢而沒有絲毫的澀滯感。如果這是經過好多次的修改後如此，那倒不奇怪。厲害的是文章一氣呵成，不必修正補充，眞是我手寫我口，這層工夫我還得鍛練幾年才行。你說「心思閒情」是老化的現象；我覺得剛剛相反。你的精神是非常敏捷，要不然不會寫這樣長篇。這種細水長流的寫法不是一般「坐而待斃」的人能做到。你說「希望早死」這是什麼話？換了一個人，有乙本著作，四本翻譯書出世，大可以壯言：「我不愧我這一生」了。最近有個朋友告訴我一件有趣的故事：他有個醫生親戚，發了大財後不想再開業，理由是他已對「錢」不感興趣，現在想要的是「名」，因此想競選立委或縣長之類。這醫生的見解固然很庸俗，但多少代表了現代人的心理狀態——在追求自己尚未得到的目標中求生活的意義。

　　看了你的心思過程，才發覺你對中國的深情，你好像把理想寄託在中國的新社會，因爲你精神上的寄託是完全的，失望也特別嚴重。我看過方勵之、嚴家其、劉賓雁、劉再復的文章

後，覺得我的思考方式、看法與方氏最接近。因爲這是旁觀者的態度。朱先生的「罵曹精神」是 bad advice，因爲這並非虛谷的 style（風格），而且這種「精神」往往與詩的本質背道而馳，郭沫若的詩，蓋屬這一類，我很不喜歡。

最近日本好像很流行大人的漫畫，連《中央公論》也登載漫畫了。我對連載故事式的漫畫不感興趣，但對單獨的漫畫卻很喜歡。舉個例子：在病室中一個病人躺在病床上睡覺。他在被單上放了一張紙條，紙上寫著：「Asleep! not a heart donor.」（在睡覺！不是心臟贈與人。）你想這種幽默是不是使人莞爾。如果日本的俳句是在瞬間中尋求永遠的意境，那麼洋人的幽默是在緊張的生活中點出人生笑的心情。說來這也是他們的一種文化。

你對日本人的評價，我完全同感。去年邱永漢有幾篇文章在《中央公論》上談日本人與中國人。他認爲日本人是匠人氣質，中國人是商人氣質，我也同感。

你說民眾日報以一頁的篇幅登載陳虛谷的紀念活動，如果方便的話能否影印一份給我？因我也很想知道台灣現在的人是如何看虛谷先生，同時看看民眾日報的編輯方式。談起被退回的稿子❸，自立晚報送還給我的朋友。這位朋友不諳文化界的規矩，竟油印三份向三家報社投稿。我告訴他一稿雙投已是犯規，三投的話簡直是犯法，希望他全部收回。他說沒關係，最惡的情況不收稿費就是了。後來怎樣，我還沒接到報告，不過，這真是一篇多災多難的作品。

　　《懷樹》書中錯誤很多，我已將你和朋友提供的意見列表（有二百多處）。不知你有沒有空給我看一下？雖然還不能再版，但錯字應有定案，到時才不會手忙腳亂。我先送去十項疑問，這十項是左右爲難的字，請告訴我你的選擇。還有，現在日本中學漢文課程是選修還是必修？一星期上多少時間？

　　同封附上三篇文章，A, B 是錄自《徐復觀最後雜文集》（時報出版公司, 1984）的二篇文章❸，C 是被「自立」退稿的拙作。

---

❸ 〈斜陽脈脈水悠悠〉現編入於《一個海外台灣人的心思》。

❸ 〈「精神參與者」之聲〉（頁 68～71）和〈爲中共提供一種可資反省的資料〉（頁 225～229）。前者是徐先生和我面談的內容，後者是一個大陸青年去美國留學後的心理自白。

陳書
1993年8月14日

　　我寫信給你，而且每次都是長信，是因爲我生性單純，受你誘騙所致。你寫來的信，每每對我大加讚賞，吹噓到半天邊，使我的心魂蕩遊神仙境界，於是拿起筆寫信給你，全然不感疲勞。你褒人的技巧是哪裏學來的？我的內人看到你的信說：林先生與人爲善，一定朋友很多。但是我看你的信，覺得有些話是不應該說的。比如「乙本著作」、「四部巨著」**❸❹**，這樣的提法是不對的，沒有著作，別人知道了，一定會取笑，我們還是老老實實做人吧。我受你讚賞最不敢當的是，竟受你這位白話文大家來稱讚我的中文，眞是受寵若驚。你的《懷》書，你這次寄來的隨筆，中文都寫得極好，我算得上什麼呢？加拿大也有說大話、喜吹牛的風習嗎？毛澤東說過一句話很對，他說：「捧得越高，摔得越慘。」毛澤東這句話是針對林彪捧他爲天才而說的，他繼著說：「我準備要粉身碎骨了。」請你指教，我應作什麼準備呢？當然毛是無意粉身碎骨的，這句話是假的。內人說：林先生寫信來，讓你高興得不得了。可見你的信，對我的影響力如何大。先父贈楊木的詩中有「雄辯當年推第一；知君舌上有蓮花」之句，現在楊木不在世，應該贈送給你了。

　　現在日本的漢文是在國文科目裏面，國文分爲現代文、古文、漢文，三者之中大概漢文的時間最少，一星期一堂課左右

（是推測）吧，當然是必修課，中學、高中都有課。大學的入
學考試，僅理工科的一部分可以不選漢文，一般還是必考科
目，亦屬國文科的一部分，所占分量不多。但是到了高中，內
容就不簡單了，我都讀不懂。我說不可沒有教育，但是教育又
不可靠，不是單指日本的情況而說的。我說的意思是人類為了
造成更好的未來，是否需要法律、教育以外的某一種東西？教
育有非常脆弱不可靠的一面。社會主義教育到哪裏去了？那種
自我犧牲，為社會服務的精神何在？四十年、五十年甚至七十
年蓄積的一切，幾乎都沒有影踪，而且在金錢前面更如此。好
像還有少數人，不計較錢，為高遠的目的辛勤工作，但是畢竟
他們是少數，而這些少數人得不到應有的報酬亦是事實。資本
主義國家又如何？

　　朱先生的「罵曹精神」，你的意見是從另一個新角度看問
題的創見，值得檢討。不過，我以為有罵曹精神也可以的，只
是在當時不易做到。至於郭沫若的詩，與罵曹精神不相干，所
謂罵曹精神，是正義感，而郭的詩是阿諛奉承，大不相同。到
一九七三年，毛澤東開始批評郭沫若了，並做詩諷刺。如果毛
再活五年，郭沫若可能垮台。毛澤東除了鬥爭以外，似乎無事
可做。方勵之與劉賓雁，一個是科學家，一個是文學家，方看
問題，很科學、很乾脆，劉看問題，講人性、講情理，方走十
步了，劉還在考慮走不走，但是劉的好處，方的長處，各在其
中。你說是不是？

　　邱永漢的做人如何且不說，他的確是個才子，你說的《中

國人と日本人》已從中央公論社以單行本出版了。想買但是沒有買。日本人做事認眞，有個在大學教書的日本女人（嫁給美國人，先生也在大學教書，好像是研究台灣史的），送來一本她的譯書《阿里山の神木》。我看書中寫的經歷，她有一篇論文〈二二八事變與文學〉，我謝謝她的時候，信中順便提起這論文，說我會設法買來看，不料，她又把那篇論文送來。讀後，我寫信告訴她，我感覺她很認眞，做了充分的準備，台灣的文學我雖少讀，可是台灣的文學評論，我感覺隨便不嚴謹的例不少。要評論一個作家，一篇作品，評論家本身沒有相當的學問是不行的。葉石濤、鍾肇政，我都覺得水準不高。台灣人也好，中國人也好，捧人就要捧到天上，賴和就是其中的一個。我翻譯《台灣抗日小說選》，熟讀了賴和的小說，才覺得賴和的小說寫得並不好，名過其實。出版社的老闆也說，看不出賴和的作品那麼好（我在介紹欄把賴和提得很高。那些作品老闆本人校對，讀了好多次）。我當然無意把賴和故意貶低，但是對賴和的小說，我的評價不很高。這可以說是翻譯這本小說集最大的收穫。莊生兄，對賴和的高度評價已繼續了將近七十年了，但是我對賴和的評價，大概沒有先父對賴和的評價那麼高。先父對賴和的詩作亦很讚賞，但是我沒有熟讀他的詩作，不敢漫然批評。對一個享譽已久的人，要提出異見，是需要一點勇氣的。賴和的小說就有一點 dull（無味乾燥）。守愚的小說比賴和更不好，他的不好處是沒有餘韻，讀完了，也就沒有什麼可以回味的了。

　　你希望我把民眾日報寄去，但是你年底不是要回台嗎？你來住兩三天也好，我去機場飯店看你也好（我平常是斷絕交遊，不出門的），那時候交給你怎麼樣？民眾日報以外還有一些資料，中國時報也用了將近一面篇幅刊載。徐先生說㉟中國是以儒家為主的文化，對少數民族，本是一視同仁，又說基本理念是老吾老及人之老，幼吾幼及人之幼，我以為這僅對一半，其實對中國來說，東夷北狄西番，沒有一個能與中國匹敵的，從中國人來看，幾乎近於禽獸，台灣漢人對山地人豈非如此？儒教的原理，有時候僅存於讀書人的理想中，不存於現實的世界。至於日本人從大陸撤退時，中國的老百姓把很多日本孤兒養起來，這的確是很偉大的道德性，他們大多是沒有多少教育的農民，可以說是儒教的傳統嗎？這一點我就不知道了。也許是。……

㉞「乙本著作」——逸雄的《台灣抗日小說選》，可說介於翻譯與著作之間。此書前言是一篇精彩的台灣新文學論，對五位著者的背景說明頗有評論性質，可當做《台灣新文學導論》觀之。
　　「四部巨著」——這四個字現在看來確實不妥，但當時卻「事出有因」，因為這四本書均是精裝本（hard cover）。對看慣國內中文書的我，「望」之，自然肅然起敬；於是乎，腦中「巨」字自然地就抬頭了。
㉟指徐復觀〈「精神參與者」之聲〉中的議論。

第二十五信 林書
1993年8月20日

「禮尚往來」，對吾兄每次的長篇大作，只能用短篇小作做答，一直耿耿於懷，因此，常把雜文奉上聊做添補不足之用。你說上當固然是有感而發，對我來說這是「無心插柳，柳成蔭」之類，是自然發展的結果，其珍貴的地方也在此。

一九八二年徐復觀先生去世後，我跟老一輩的信函聯絡從此結束。長久以來，因無對象聊天而感到寂寞無比時，發現一個新金礦——陳逸雄先生——實在是三生有幸。希望你的信像「不盡長江滾滾來」。

看你寫六頁的信，不必修改，一氣呵成，真是羨慕之至。我寫東西都是東改西補，重新謄寫幾次才成文章。像追憶潘先生那篇文章竟花了二個禮拜，真是「慘淡經營」後的產品。我曾告訴洪炎秋㊱先生說：「我寫中文，字字是辛苦」是實情，並非謙辭。

你說我對你的成就過度抬高，將來摔下來可不得了。我想這大概不會，因我一向以「言不過其實」為誠，所言當有分寸。我倒覺得你自律太嚴。在我們這一行（統計），常有subjective measurement（主觀尺度）。比喻新食品問世，照例要請很多人來試食。評價的方式是在一條線上註明喜歡、不喜歡的程度：

然後，從「很不喜歡」量到 * 的長度來做 quantitive assessment。以這種方式來衡量「自我估計」的「誇」與「嚴」的話，可以如此註明：

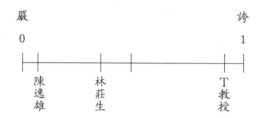

當然這是主觀的尺度，難得你的同意。不過，世界上的事情都是「比上不足，比下有餘」，最好還是請太座採定罷！

俗語說：「水至清則無魚，人至高則無徒。」不過，「嚴」也有「嚴」的好處，特別是在做學問上。我覺得你的言辭用字很嚴格，這種人是真正做學問的材料。我一向學五柳先生的「讀書不求甚解」，錯字、白字太多，經常感到很遺憾。這大概與畫圖的習性有關。畫圖要先打構圖，然後東一筆、西一筆慢慢地把「感覺」浮現出來。我寫文章也是如此。

我是八月十九日接到你八月十四日的信，第二天帶小犬去 Cornell 大學上學。看到校園中幾乎有 20% 的學生是亞洲人❸，吃了一驚。我看主要原因有二：一是美國人的經濟能力急速地降低，中上級的家庭已不願、也不能讓自己的兒女去上學

費較貴的私立大學。二是東方人的「教育狂」——寧願自己犧牲一點，為下一代的「出頭天」而奔走。——這種精神眞可怕！我雖然還要四年才能完成父母之責任（這是對東方人而言；對西方人來說，高中畢業就算盡責了），現在心情是輕鬆了些。不過，像日本人所說：「行百里者，以九十九里爲半」，還得奮鬥幾年。我是四十二歲才結婚，因此要趕上諸兄的人生行程確實不容易。

我是不喜歡開車遠遊，或越洋旅行的人。但到日本之心越來越強——沒有什麼理由，只想「一識韓荊州」而已！

㊱洪炎秋（1902～1980），台大中文系教授、國語日報社長。

㊲美國人口中，亞裔占不到4%。

第二十六信 陳書
1993年10月7日

我的內人曾說，你說我的中文信好，是件費解的事，她覺得我的中文寫得不流暢，很有澀滯感，可見你的褒詞是言過其實。

你說×××把自己看得太高，這一點我同意，至於你對我的看法，也是把我抬得太高，這是無可否認的事實，不是我律己太嚴才如此說。你的讚揚有時候令我飄飄欲仙，有時候使我無容身之地。

寫文章，是揮筆疾書，或是字字辛苦，都不關重要❸，最重要的是，寫出來的是什麼文章。

讀了你的著作，我自知白話文你寫得比我好。文章寫得快，其實沒有多少意義，一氣呵成，又有什麼意思？根本不值得羨慕。

你今年底回台後，能到日本來一趟嗎？我可以給你一些參考資料，也可以贈送你一些重複的書籍。最好是你回加拿大的途中來一趟。這樣，帶些書才方便。來日本，不要想見韓荊州，見見往年的不良少年豈不更好嗎？

---

❸「揮筆疾書」的文章和「字字是辛苦」的文章，不同處是，前者有「筆勢」，後者無。我看過的文章中，有這種筆勢的作者有許曹德（請參照第六信）。

第二十七信 林書

1993年10月12日

　　八月九、十、十一日是加拿大的感恩節（Thanksgiving），我花了半天的時間把你給我的信整理一下：從一九九二年一月至今年八月，一共收到十封信，平均每年五封，是相當的分量。我說整理不僅是 numbering，還把我給你的信也對照，這樣，兩年來的對話就有較明顯的輪廓了。我沒有記日記的習慣，但發出的信，特別是一九八〇年後，都留下影印。重讀幾次你、我（十四封）的信後，思潮復起，現在將想到的事再點綴一下罷。

　　(1)你提中國難民（去美國的）再提毛的功過，我很同感。吳國楨在美國發表的文章有一句話：「論才蔣不如毛，論德毛不如蔣。」毛的性格中有一個可怕的傾向：「你們不相信，我偏要做給你們看。」這種過度的自信，真的害死了幾千萬人。人是勢利的，當 Kissenger 面晤毛時說：「你的書我指定 Harvard 的學生唸。」毛當時以中國式的禮貌回答：「不值得……。」我不知 Harvard 現在還唸不唸毛書，不過，人總是對這種天翻地覆的一代英雄（？）感到極大的興趣，而不計較其間的 human cost 的。

　　(2)你對賴和等台灣文學早期人物的評價，我也極贊同。老實說，葉石濤說朱點人是日據時代新文學開花期至成熟期的人物，其作品跟三十年代中國作家可以媲美，我也很懷疑。天下

的人大都是「一犬吠影，萬犬吠聲」。我記憶中的〈送報夫〉（日文）也是極平凡。但現在修改後的中文版，儼然成爲抗日文學的樣本。我雖無文學、特別是小說方面的素養，但總覺得張文環的《地に這ふもの》❸是值得研究。因爲這是代表他對人生的最後見解——不相信意識形態、民族精神、孔子公等一切的人工「味精」，把 original 的人性、良知寫出來，跡近自然主義的作品。我在他的作品和賴和某些律詩中可以體驗到類似陶淵明的意境。那是一種行爲、思想、感情、渾然而成的境界——平淡眞實。

(3)我寄二篇徐復觀先生的文章給你，是要告訴你有兩種中國觀：一是 outsider 的 view（我）；一是 insider 的 view（那個想自殺的年輕人）。你那麼推崇劉賓雁，主要理由是因你站在 insider 的立場。老實說，我非常驚訝你對中國的深厚感情；我對台灣有這種感情，但對中國則絕無那份情感，我只能做到徐先生所說的「精神參與者」而已。王國維投湖自殺後，羅振玉、郭沫若等名士做不同的解釋，我覺得其中有一位姓陳的（當時的大學者，但名已忘）所說的話較有道理。他說凡是一個大文明將要消跡時，沉潛於這個文明價值觀的人，將失去人生的意義。……

(4)在中央日報海外版看到魏京生應中國時報記者問答記事。有二件事使我很感動：第一，他要推動民主運動時，已預期將面臨的犧牲，所以當被判十五年時並不覺得意外（賴和所說的「覺悟的犧牲」）。第二，記者問他當年他的同志都把罪

歸給他，是否有被出賣的感覺？他說「沒有」。因為要犧牲，一個人就夠了，所以事前已約好將一切責任推給他。如果毛澤東的革命把中國農民的地位翻身，魏的行為是把中國人的思想換新。實在了不起。

　　以上是感想，現在談兩件事：

　　第一，我本來要去日本看你，現在不得不延後一段。我這個月二十號回台，因時間的限制，不經過日本，直飛（經溫哥華）台灣。你猜得對，是要慶祝家母九十誕辰（只是家庭聚會），你的 Best Wishes，我會轉告她。她脆弱的身體而能這麼長壽，恐與茱堂有關。她自己是相信佛祖保祐，其實是天天有親戚朋友（信徒）來訪問，給她一種精神上的滿足感。北美老人所以可憐，並非沒錢，而是被人遺忘了。一個人到了沒人來慰問或來聊天時，「生」的力量也就虛弱了。

　　第二，王紹宗兄來信說，你八月回台，許秋滄會長送一部《紀念冊》給你。我覺得他們是送「對」了人。希望這本「財大氣粗」❹的書會引起你的回想，再回想。

---

❸日本，現代文化社出版（1975），中譯書名為《滾地郎》，由廖清秀譯，台北鴻儒堂出版。

❹此冊花費三、四十萬元，分上下兩冊，共有 829 頁。內容包括校史、同學回憶、生活照片等等。

第二十八信 林書
1993年10月14日

你說我太過獎你，我覺得你是太低估自己。有一個很有名的彫刻家說過，如果上帝要讓他再選二隻靈巧的手或二個精明的眼睛，他要選眼睛。我想這話的意思是說，有能力發現新的美比有能力彫刻更重要。不是我「自我膨脹」（台灣近來的流行語），我以爲我這方面（看作品）還有一點眼識，但不一定有「知人之明」。前者能使我跟奇奇怪怪的人做好朋友，後者常常使我上當。因此，我不願意活動於經濟或政治的圈子。

前天看到十月號的《中央公論》中一篇吳善花❹寫的文章，說日本目前一般作家的行情是，四百字一頁四千元。單行本大約有三百五十頁，稿費一百四十萬元。初版算四千至五千本，印花收入六十萬。所以就算每年寫一本書，其收入還不到二百萬日幣，折合美金約兩萬美元。眞沒想到日本文筆收入這樣不值錢。我以爲台灣文筆不值錢是因發行量不多，但沒想到日本也如此。（在北美，兩萬美金的收入算是貧戶，加拿大平均每戶所得是三萬八千加幣。）難怪吳氏在提倡「文化基金」之類了。

---

❹在日韓國作家。

第二十九信 陳書
1993年10月22日

　　我寫這封信的時候，你人已在台北了。二十世紀的科學的進步，一方面給人類帶來無比的災難，另一方面又確實給人類造福不少。此次我回台灣，有人問我對台灣充滿活力的景象有何感覺，其實我印象較深的不是台灣的發展，而是其生活環境的惡化。柏楊說：「中國人的特徵是髒、吵、亂。」（柏楊的《醜陋的中國人》你看過嗎？值得一讀。）但是我認為髒、吵、亂以外，還應加一個「臭」字。台北也好，彰化也好，處處可以聞到臭味，真令人不快。與日本人比較之下，中國人的不清潔，值得慚愧。內人家門前的馬路邊排水溝淤塞的爛泥污水，一如我小學校一、二年級見過的情形。我看到大馬路旁邊的這一景象，五十多年來連一點點改進都沒有，對所謂台灣的發展與進步，有一種難以名狀的寂寥感。

　　台灣的一個朋友對我說：「台灣的博士、碩士之多，以人口比率說是世界數一數二的，但是台灣的文化水準一點也不高。」這是一句耐人尋味的話。教育僅裝知識，與人格的形成無關。台灣的教育應改變方針，要注重人的問題，同時也要增加學校，使人人有學校可讀。你說為上大學而花費那麼多的精力與時間于考試，值得嗎？真是奇奇怪怪的現象太多了。李登輝該做的事實在很多。司法的黑暗，也夠令人興嘆。這次回台見過博正❷、紹宗嗎？博正說，一九八八年你回台時，見過

面。他公司的酒吧你去過沒有？在那個酒吧閒談了一陣子。在台灣，是否與盧靜綠見了面？希望你們有過一次愉快的歡談。未能參與，憾甚。

我二年多來，什麼都沒有做，心裏自覺不安。因為白白浪費了四十年（從二十歲算起），自覺不可這樣過日子，但因生性懶惰，要改也不容易，希望經過一段時間的努力，逐漸習慣于工作。另有一個問題，就是已經沒有四、五年前的衝勁。我翻譯那幾本書，都是二個月、三個月的時間就譯出一本，現在感覺一天好像無法工作七、八個小時，沒有幾年之間，衰退這麼快，實出意料之外，還能做多少工作，不無疑問。

《陳虛谷作品集》的序文，希望你能于明年底以前交卷。我會送些資料。

---

❷林博正，明台公司董事長，林獻堂的長孫。

第三十信 林書
1993年11月8日

十一月五日晚上十一點鐘回到渥太華，十五天的旅行中，積了不少信。在這二十多封信中，大都是所謂的 junk mail，只有你的和一位朋友的是 literary。這年頭要收到這種信眞不容易。現在的人難得有時間坐下來寫東西。我訪問施維堯先生時，他告訴我這樣的故事：有一天他去銀行找曾慶滿先生❸。交談一陣後，曾先生說：「施先生，你是今天我會面的客人中唯一沒有談錢的。」今天在台灣可以用金錢買的東西，什麼都有（名牌衣服、高級品等），沒有的是錢買不到的東西，例如，文化、教養、生活的藝術等等。

你大概在日本住慣了，對中國人的髒有特別的感受。我在北美生活慣了，看了台灣朋友的家也覺得生活上的淸潔度不夠水準。現在台灣每年有幾百萬人到外國旅行，也應該在這方面奮發一下。柏楊的《醜陋的中國人》我還沒看，聽說你曾翻譯過這本書，只因別人先發表，你的書竟沒出版，眞太可惜了！

在台灣見到朋友，頭一句話就是要請吃飯。結果在台北三天的旅程全被吃飯填滿了。有個朋友問我：「有沒有空？」我回答說：「除了吃飯時間，我都有空。」最後約定下午三點至六點一起喝咖啡，談得很開心。我勸朋友今後最好多聊天，少吃飯。我坐公共汽車去台南，沿路注意商店的招牌：飲食店最多，書店最少。大家忙於賺錢，而沒空去思想，這是台灣的現

況。

　　我也去自立晚報出版部找魏淑貞經理，她說我來得正巧，她正想傳真給我，因我的書被行政院新聞局推薦為今年的優良書籍❹。她很高興這廿一本推薦書中有三本是「自立」出版的，看來她們幾十年來的努力沒有白費。我也很高興，雖然書的銷路不佳（一年來只賣了1100本），這還是一種鼓勵。我這次帶回來不少書，有兩、三本是很好的書，等大致過目後，我會跟你報告感想。

　　你說衝力大不如從前，我想七十歲以前不要 self-pity（自憐），還是拿出最後的一口氣盡量寫。我看葉榮鐘、徐復觀兩先生，他們人生的最後十年，是他們創作生涯中最旺盛時期。你給我的筆試（序文），我一定會以最大的努力去試一試，是否能言之有物，倒一點自信也沒有。陳芳明的《謝雪紅》確實是力作，在台灣這種水準的書不多。真是後浪推前浪，一代比一代進步。只是他的價值觀，我不十分同意。

---

❸銀行家，台大外文系出身。在《懷樹》（頁283）中提起的那位欲寫回憶錄而尚未著手，但書名已決定為《錯路走到底》的前輩。

❹新聞局在七類出版物中每類選三本，共推薦廿一本優良圖書（金鼎獎）。《懷樹又懷人》屬「文學創作」類，推薦理由謂：「自然生動的文字，真實感人的故事，大量的圖片與信函，是難得的傳記文學作品」。

第卅一信 林書
1993年12月1日

這幾天正期待著吾兄的「東京通信」，想不日就會收到。因為你不像正忙著「經濟建設」的台灣朋友，去信給他們，通常是一去不返的。

今天寫了一封信給王紹宗兄，報告我的「讀書報告」（書評、讀後感）。在此地我能接近的日文書籍，都是由《文藝春秋》和《中央公論》的廣告而來，所以都屬大眾性的。正經的、好的日文學術著作我無法知道。幾年前，在這兩本雜誌中之一，看到一篇由一群著名作家推薦的「戰後一百本對日本社會最有影響力的書」。其中有池田潔的《自由と規律》，還有謝國權的《性生活の智慧》（一百本中唯一的台灣人著者）。因此我也選定幾本較正經的書來看。其中，只有中村元的《東洋人の思想方法》（三册）確實對我有很大幫助外，《現代政治の思想と行動》（丸山眞男），《甘えの構造》（土屋健郎）等，只有浮浮泛泛的印象而已。「讀書報告」可說是一個人的白皮書：有多少本事，一目了然，等於成績單，是不可隨便對外發表的。我送你一份，是讓你今後要給我推薦書時的參考。台灣帶回的書中有二本可以推薦：

(1)張炎憲、胡慧玲、高淑媛的《悲情車站二二八》（自立晚報）。

(2)范麗卿的《天送埤之春》（女與男出版社）。

　　前者是二二八時在八堵車站發生的慘案，這是著者採訪家屬的報導。因這些人都屬社會中下層的人士，他們親人的死亡所帶給他們家屬的悲慘，是超出我們想像之外。著者把這些區區小民的心聲，用樸素無華的文字表達出來。讓讀者對二二八的社會性、悲劇性有更切身的感覺。

　　後者是一位養女一生的自述。這位「素人作家」確實天才，不但文字上（台語、國語）有極其獨創之處，在表現手法上也獨樹一幟。台灣的鄉土文學，終於由這種沒受過「文學」訓練的人來突破，實在很有意思❹。此書也引起我對張文環先生的最後遺作：《地に這ふもの》重新估計。張著聽說是一九七五年在日本發表（也得到什麼獎之類）的，我是今年三月間在朋友處看到。如果你在日本舊書店找到此書，請代我購買。說來真巧，這本書是由日本出版社發行，但是在台中的「中台」印刷。我是從「中台」的前董事長林雲鵬先生處借來的。

---

❹我對此書的書評，後來以〈讀《天送埤之春》有感〉發表在《文學台灣》第廿期（1996）。現編入於《一個海外台灣人的心思》。

5. 1994 年（第32至第42信）

第卅二信 陳書
1994年3月29日

很久沒寫信了，對不起。自台灣回來後，三個月間寫了二十幾封信，信寫得太多，寫得很懶。更重要的是自覺肚子裏沒有學問，廢話寫一大堆，無異貽笑世間，還是少寫好。

讀你寄來的信，知道了你是個讀書家，那些書，我連一本都沒看過，生性懶惰不讀書，慚愧慚愧。

我同意魏京生是個了不起的人物，如果一般的報導屬實，施明德應是我輩難望項背的人物。

陳芳明對謝雪紅的看法，你不同意的是什麼地方？此事我倒很想知道。

你的書，如果是十年前，是通緝的對象，現在竟成為新聞局推薦的優良圖書，變化之快，不勝今昔之感。

在電話裏告訴你今後四、五年不會沒事做，但是什麼都沒做，呆著過日子，心裏並不悠閒，卻做不成事，無聊之極。林博正說，獻堂的日記由我來編最適當，我回答今後四年可能沒

有時間，他說四年可以等，就這樣分手，所以不能說是確定的事。

　　賴和生誕百周年，李篤恭❹要我寫一篇文章，我以〈賴懶雲與陳虛谷〉為題，花了十天的時間，寫了一篇文章，因為李篤恭限時間，寫了一篇拉拉雜雜的、不三不四的文章，近接李氏來信（李篤恭是去年回台重新認識的，前此，在書中看到他的名字，我已忘記他是從彰化一起上學的同學）說，四月要送給前衛出版社編成一本紀念文集，收到後會寄一本給你，是為塞責寫的騙人文章，不是論文，是雜文。今年是賴和生誕百周年，磺溪學會向文建會請求不少錢，預定很多節目。

---

❹台中一中三十期同學，畢業師大英文系，作家。

林書
1994年4月12日

　　三月廿九日的大函讀起來很有趣，你說：「廢話一大堆，無異貽笑世間」，非也！有人在加拿大讀得津津有味，不但如此，還覺得一種興奮。洪炎秋先生曾教訓我：「書不必讀得太多，會用最要緊。」沒想到給王紹宗君的「讀書報告」竟讓你誤認爲「讀書家」，眞是「ケガの功名」了（因受傷而被誤認爲有功勞）。葉榮鐘先生曾自諧說，他是專攻「雜學」，那麼，我也可以說專攻「雜誌學」了。因爲在這種英文的外國社會生活了三十年，看中文、日文書總可滿足「故國之思」、「懷舊之情」。因此，通常只是東翻一篇、西翻一篇，走馬看花、不求甚解的。

　　你說要聽我對陳芳明著《謝雪紅》的意見，這是大問題。我的不滿是(1)政治評論的方式沒有脫出左翼的老套，(2)人物的描寫太平板，沒有立體感。只看到著者眼中的謝氏，但看不出也聽不到謝氏自己的話，讀者除了相信著者的話以外，全無資料讓讀者判斷的空間。無疑的，這是一本非常努力過的作品，著者是學了很多美國式的傳記方法❹。不過，從評價的角度來看，還是舊式的。

　　(1)如果日據時代的政治光譜用一條線（a到f）來表示，而把日本政府容許的臨界點（政治上）設爲d，那麼，當時政治人物的傾向大概可以設定如下：

左翼的看法是愈靠 a 點愈好，著者是站在 b 與 c 之間看 a（謝氏），而他考慮的光譜幅度只在 a～d 這段上。我的看法是，政治並非 one-dimention（一次元），不能像上述的光譜用尺寸衡量；我認爲政治是 multi-dimention（多次元）；除了社會制度外，還有道德原則（是非）、現實認識的深淺（知識）等等，一個政治人物的評價，要在總體上去判斷較合理。一般人很喜歡英雄式（特別是殺身成仁式）的人物。（這種人物最易拍成電影）但在現實的政治中，重要的人物往往是站在 d 點附近。因爲他是站在現實與理想的邊緣做事。表面雖不十分風光，但是，實際上對社會進步有積極的推動作用。這種人在廿一世紀（沒有革命的時代——選舉的時代㊽）會更受重視。我是站在 a～f 的光譜中判斷林氏。須知當時的社會，站在 a～d 之間的人大約 15%，大部分是不表態的沉默大衆（d～e）佔 70%，其餘是表態的御用紳士（e～f）佔 15%。李獻璋批評林獻堂時，沒有這個全光譜（a～f）的觀念。他在書中所列舉的事可能大都是眞實，但這並不証明他的結論是對的。因爲部分的總合不就等於全部，而且如何選擇「部分」也很重要。比方說，人的價值由一千個部分構成，他只加 1～30 做結論，那麼

31～1000 怎麼去估計呢？看人要看全體像。

　　(2)傳記中必須有充分的資料能讓讀者自己去想像的空間。當著者所造出來的「像」與讀者根據提供的資料構成的「像」很相似時，作品可說是成功。如果只有著者的「像」而無法讓讀者構成自己的「像」時，這還是不成功（從現代觀點看）。

　　我正在寫一篇〈《民俗台灣》與金關丈夫——五十年後的讀感〉。三月回台時，在街上買到《民俗台灣》的複印本（分上、中、下）（1941～1945）而大有所感。有幾個地方很想請教楊雲萍先生，不知他還健在否？你有無與他通信？還有許多話要說，時間不早了，就此打斷。須知我是非常喜歡看你的「廢話」的。

---

❹ 胡適認為傳統的「讀書三到」（口到、眼到、心到）還不夠，應加上「手到」（蒐集資料）。現在很多美國傳記作家又加上「腳到」（採訪）的工夫。

❹ 以「革命」改變政治是非洲、南美洲在二十世紀後半段最時髦的方法。但就結果而論，革命可以改進一些急迫的政治社會問題，卻產生更多的問題，致使無法收拾。相比之下，民主政治效果緩慢，但仍不失為較可靠的方法。革命時代所塑造的理想人物已不適用於民主時代，此時需要的政治人物是要有遠見（visionary）、寬大、虛心，而且要有操守的人。

第卅四信 陳書
1994年4月29日

　　李獻璋的文章果然不出我的預料，是首先立意詆毀林獻堂與葉榮鐘，然後盡其能事的文章。除了查出年譜中數處錯誤以外，沒有什麼價值，你說李氏論文夠水準，是指這篇糊塗文章而言的嗎？一開始便說林呈祿讀其文章「感動のあまり……」（感動之餘……），大抵這種自捧自誇大言不慚的人物，寫不出真正好的文章來。

　　他居住日本半世紀以上，自稱學者，又不是普通的學者，據他對我說，是台灣五百年來第一人，可是連日文都不會寫，豈不令人難以置信？

上冊81頁下段13行「見逃せられない」（不容忽視）

上冊94頁上段18行「誘れを拒めず」（經不起誘惑）

下冊95頁下段4行「ハイカラー階級」（時髦階級）。

　　White collar, blue collar 以外還有個 high collar？恐怕是這位五百年來大學者的創語。

下冊101頁上段5行「人の眉をひそませる」（使人蹙蹙）

　　你說台灣人何辜，由他來當第一人？什麼文學博士，什麼民俗學者？

　　作者對蔡惠如、林幼春的美德與勇氣加以吹噓誇大，說：「蔡氏の人格的行動こそ永遠に朽ちることがない（蔡氏的人格表現，永遠不朽）（上冊91頁）」，又說：「林幼春も，

士として名節に殉ずべきを思い……歴史に輝きつづけるであらう（林幼春做一個士人，殉於名節大義……終燦爛於歷史）（下冊 80 頁）。」把不大不小的一般性的美德與勇氣誇成不朽的美德與輝映史冊的義舉，能令人信服嗎？把一個好地位讓給人，在我們的社會是常有的事，算什麼不朽的美德㊾？「士として名節に殉ずべきを思い」這句話根本是廢話，寫法很不老實，硬要把幼春裝成義士，好像是幼春主動赴獄。其實，幼春可以不赴獄嗎？他不想入獄，也會被抓進去的，對不對？當時賦獄中吟的人很多，賴和、蔡惠如、王敏川、陳逢源都有詩作，大都表現出浩然之氣。原因之一是大家心裏有數，知道沒有生命的危險，不會關在牢裏很久。賴和繫獄猶能作這樣的詩：幽囚身是自由身，尺蠖聞雷屈亦伸，我向鐵窗三日坐，心同面壁九年人。

但是同一個賴和，於一九四一年坐牢時，心情就大不相同，滿胸的疑懼憂慮，甚至做出頌揚侵略戰爭的詩了〔補述四〕。為什麼？時代不同也。一九四一年入獄，問題的嚴重性，非治警法事件同日可語也。李文把莊遂性與其他一些人，指為「台中の意氣地ない紳士連」（台中那些沒有志氣的紳士們），不知李獻璋對二二八事件入獄的莊遂性獄中所言有何感想？㊿李文對惠如、幼春一廂情願，對獻堂、榮鐘吹毛求疵，說得一無是處，這種存意詆毀而書的文章，你說有什麼價值？作者的目的顯露處處可見推測獨斷的語詞，卑鄙的文章不值得評論。到現在還使用「蹶起番人」「霧社番人」，這種意識落

後的人物，竟然是民俗學者？如果要批評這篇文章，不是三言兩語就可以講完的，只是筆者的狹窄心胸畢露，讀之令人不快。世上無完人，林獻堂、葉榮鐘不可能沒有缺點，但是他們對台灣社會運動的正面影響，無疑是比負面影響大的。連這一點點判斷力都沒有，還自誇令人感動？

　　陳芳明的《謝雪紅評傳》說謝雪紅走獨立路線，我有一點懷疑。日據時代的台共倡導獨立是盡人皆知的事，但是大戰後的謝雪紅是否依然想走獨立路線，我很懷疑。不過，到了反右鬥爭，謝雪紅成為批鬥對象，文革時成為牛鬼蛇神，此時謝氏心底或許認為台灣應該獨立，只是我認為即使有如此思想，大概無法表露出來。謝氏手稿毀於文革，實在很可惜。說李獻璋是台灣五百年來第一人，令人失笑，說謝雪紅是台灣四百年來第一女人，我倒是同意的。我感覺林獻堂、葉榮鐘在二二八事件的詩作中對謝雪紅的蔑視是不對的。

　　你三月又回台灣？何以那麼常回去？編輯林獻堂的文集，不是決定事項。我與博正談起這個問題，無頭無尾，他現在怎麼想，我都不知道，也未曾寫信給他。《民俗台灣》何以引起你的興趣？楊雲萍還健在，很老了。電話、地址叫敬生問台灣風物社的張炎憲先生。我與楊氏沒有聯絡。

㊾一九二〇年新民會成立時，公推蔡惠如為首任會長。但蔡氏固辭不
　就，謂會長必須林獻堂先生方能勝任。詳情請參照葉榮鐘〈台灣民族
　運動的鋪路人——蔡惠如〉（台灣政論，一期，1975）。

㊿葉芸芸發表的〈餘生猶懷一寸心〉（中國時報，2.28.1991）中有一
　段：「數以萬計的社會菁英與熱情學生青年，在這場動亂中遭遇軍隊
　的報復性濫殺。事件後被捕的（台中處理委員會主任委員）莊遂性，
　對前去探監的藍運登說過這麼一句話：『這款的社會，活下去又有什
　麼意義？』言詞之間透露悲痛絕望的訊息。」——逸雄的話大概是指
　此而言。

〔補述四〕請參照第二章〈賴和的舊詩〉。

（第）（卅）（五）（信）林書
1994年5月12日

　　對李獻璋的反駁我完全同感。最明顯的對照是他捧的林幼春、賴和和他看不起的林獻堂、葉榮鐘都是同類型的人，而其評價竟有如此天壤之別，除了私怨之外無法解釋。我驚異不已的是，這篇文章是 1990 年之作，他已是八十多歲的人，而竟以私怨公報的方式來侮辱別人❺❶，實有虧於學者之風度。我對他的學術水準云云，是根據他的《媽祖》，而非此文。我倒很想知道登這篇文章的刊物《問題と研究》，到底是什麼樣的刊物？私人或大學？

　　我平常對「印」出來的日文文章很少去研討其構造或文法。看了你舉出的幾個例子，才發覺確實「不對勁」。你對文法、錯字的判斷力非常尖銳，就像是科班（古典的教養）出身的。若不是郵信這麼慢（來回二個禮拜），我應把每篇寫好的東西先請你過目才好。上次所說有關《民俗台灣》的文章❺❷已寫好，送去《台灣文藝》投稿了，是否被採用還不知道。我同函送一份請你過目。有毛病的地方請指示，現在要改還來得及。寫文章一定要有感而發。這種「有感」有來自正面的，也有來自反面的。李文可說是提供後一種，這種靠反作力的發動機（如 jet）有時效果更大。因你要考訂林氏的日記，李文可供你十分的火藥了。

---

❺李文中使用「子飼の（豢養的）蔡培火（頁 98）」，林獻堂とその
（與其）奴才（指葉榮鐘）（頁 99）」等潑婦罵街的文句。此類文字
在北美，不但學術刊物，連一般雜誌都已近乎絕跡，因修正此類文字
乃編輯者（technical editor）的主要任務之一。爲何屬於先進國家
行列的日本還容許這種文字出現，甚爲費解。

❺此文被《台灣文藝》擱置八個月後改投《台灣風物》。現已發表在該
刊第 45 卷，第 1 期，頁 33～62,（1995）。該期的「卷頭語」，編
者張炎憲先生有如下之介紹：「一九四一年，楊雲萍發表〈研究與
愛〉攻擊《民俗台灣》的主旨，掀開筆戰。林莊生以此作爲題材，探
討《民俗台灣》與金關丈夫，且據一九四四年八月的座談會內容，分
析金關丈夫的思想，認爲金關丈夫具有開放平等的文化觀，沒有統治
者的優越感，對文化、對學問始終保持謙遜的態度，提醒台灣人需重
新認識自己文化的傳統美。……讀完林文，不只感到對昔日的反省，
也是對當今的批判。……」

第卅六信 林書
1994年5月13日

昨日送一文給你，回家後接到台灣朋友送來自立晚報剪報，其中有兩文：一是司馬遼太郎跟李總統的面談。二是李獻璋著，向陽譯的〈日本時代之林獻堂〉。前者登在朝日週刊，此文跟登在台灣新聞的面談不同之處是「hon-ne（日語：內心之話）」較多，很少「tate-mai（日語：對外之話）」，因此對他的遭遇與心境的了解，是有參考的地方。

向陽的文章是我送給你那二篇（上、下）的翻譯❸。譯文沒有原文那麼露骨（個人感情），因此較易看出他的意圖所在。以我的判讀：他認為林獻堂是個只顧自己地位、財產的機會主義者，並非一般（林獻堂派）所認定的社會運動的領導者。為何他在人生的最後階段還要報仇呢？我昨天的信是歸於他人格的卑劣。不過看過全文後才發覺他的真正意圖，是要樹立「通誌稿」的歷史解釋。我沒看過「通誌稿」，不過，知道蔡培火先生對此稿非常不滿。我看過蔡氏在座談會席上的批評（在通誌館發行的刊物——此刊物從前在加拿大農業部圖書館有一部。後來，來了一個會看中文的港籍圖書館員，他認為此刊物沒有人看而把它廢除了，實在很可惜——我現在只憑記憶寫）。

蔡氏認為寫通誌稿的人，只因林獻堂參加「同化會」，而把他歸於「同化論者」是大錯（另外的人是祖國派）。通誌稿

是官方史觀，當時寫者大都是福建人，家居台北，所接觸到的
人士大都是北部人，故他們所知道的日據時代的政治狀況可說
代表這一派的人。李氏是否參於編輯，我不知道，不過，與這
一派人士抱著相同的看法是可以斷定。這是為什麼林呈祿的名
字在他的文章出現那麼多次的理由。反對林獻堂派的理由也有
對的，例如將日據時代的政治運動歸功於他一人。但其他類似
人身攻擊的論說卻非常卑劣。問題是林獻堂不是領袖，那麼誰
是領袖？李氏能舉出一個人嗎？如果不能，那麼他的議論即有
問題。

　　民間領袖不像官方領袖，有權力做後盾，發號施令。林獻
堂所靠的是個人的德望和政治主張。他在連溫卿眼中可能不是
領袖，但在大多數台灣人的眼中還不失為一個團結的中心。以
我的觀察，日本人統治台灣五十年中，他們真正想拉攏的人就
是林獻堂一派（moderates），對其他反對派，日本政府是沒
有把他們放在眼裏的。對林獻堂的評價相當困難的原因是：一
般習慣於「革命史觀」的人看不起他；但對那些堅持做人的最
低尊嚴的人來說，林獻堂仍不失為一個「有所不為的人」。E.
H. Carr 說歷史是現在的照鏡。現在最需要的人，這種典型在
歷史上的位置就高；相反的，不為現代所求的人，歷史上的地
位就低。林獻堂之被輕視，就是這種「有所不為」的道德觀在
現代台灣的政治市場沒有價值的旁証。（請參照第二章第五
節）

　　我對林獻堂的評價是他一直站在「台灣人的立場」這一

點。我對林茂生的評價也是一樣。我想知道你的看法。因爲你在日本，受社會思潮的影響較大，一定有更廣闊的視野。

---

❸向陽的譯文以〈日據時代的林獻堂〉爲題，連載於自立晚報（1994.4. 26）。

（第）（卅）（七）（信）**陳書**
1994年5月28日

　　李獻璋的文章載於《問題と研究》，這雜誌原來是反中共的理論雜誌，日本人出名，但很可能是國民黨提供資金，現在台灣、大陸沒有以前的對立關係，雜誌的內容有沒有變更，我沒有讀，所以不知道。李獻璋對葉榮鐘的憎惡，是因為葉氏的女兒到東京住在李家引出來的。李獻璋赴台灣訪葉榮鐘、莊遂性，知道葉氏女兒赴日之事，據悉勸葉榮鐘把她女兒寄宿他家裏，說得非常誠懇，葉氏被其誠懇打動，真的把女兒寄宿在李家，這一來，當然會發生問題了。事後李葉之間，有什麼書信的往來，我不知道，但是從此以後，把葉榮鐘說得一文不值。事情的經過，你可以向葉太太問問看❺，李獻璋的文章應該讓她與葉芸芸知道，讓她們有辯駁的機會，否則太不公平了，活人對死人，什麼都可以說呀！

　　李獻璋對莊遂性的壞感情，好像是他得到博士學位的時候，莊遂性捧他的讚詞甚少，或許連慶祝都沒有所致的？他寫給你的信中提起這件事吧？他對林獻堂的憎恨大概有原因，可能他有事求助於林獻堂，而得不到林的援助。這是一種可能性，是很可能的❺。據我所知，他對賴和的欽佩，也有具體的原因。他引用林呈祿的話來貶低林獻堂，其實也是可笑的。林呈祿說他根本未曾信用林獻堂，而林呈祿本人後來擔任皇民奉公會的部長，改姓名為林貞六（Lin 改為 Hayashi）也算改姓

吧？由他來說林獻堂不能信用，可見李獻璋也太無知了，這樣的引例，哪有說服力？

《台灣通志稿》，王詩琅參與過，李大概沒有關係，王是李的朋友。李文的目的與其說在於樹立《台灣通志稿》的權威，不如說在於打擊林、葉兩人，目的很明顯。

向陽翻譯的李文，麻煩你影印寄給我。大概沒有全文翻譯吧，你說譯文的口氣比較溫和，我覺得這樣的譯法不對，應該忠實翻譯出來才對，才能使讀者理解原作者的意圖與做人，譯者不宜擅自修正。李登輝的對談要旨，昨天看過，登在這裏的一份僑報，滿得意的樣子如在眼前。

林獻堂固然是日本當局拉攏的重點，原因是林的影響力大，再則林是大地主，立場比較溫和，靠攏的可能性較大。不過，公平持論，林的表現還算不錯，林遭到經濟上的恫嚇而一時退縮，李獻璋抓住這一點大作文章，大喊「裏切り」（日語：背信）。其實，沒有什麼了不起的事，李獻璋站在林的立場，又會怎麼樣？李文的用意很淺露，沒有說服力，應該有人把它全文譯成中文，使台灣人對李獻璋的真面目有點認識才好。

至於《民俗台灣》，我談不上什麼興趣。大文引起我的興趣的，僅有兩處。一為頁 17 柳宗悅對台灣陶器的評價和 Bruns Taut 對台灣竹椅的評價。另一處是頁 19 後半段，封閉自大的日本人以為自己的文化高出一等，認為台灣人是低一級的人種，這種看法與內藤湖南一樣。關於內藤的文章還未寫

完，寫了就停，沒有勁。大文第四頁倒數 6 行發覺應爲發掘。
頁 13 淡野的意見，似有改善譯文的餘地。

---

❺❹逸雄此段推測，與我後來跟葉夫人面談時所得的說明完全符合。

❺❺這段推測大概沒有錯，林獻堂對鄉土文化的保存和文化對社會運動的
　重要性，缺少像林幼春、賴和那種理解與同情。據前輩 L 氏回憶說，
　他與一群朋友戰後辦一份刊物。雜誌發行時他帶乙本去送林獻堂以表
　敬意。林氏誤以爲一群無聊文人又來敲竹桿，露出不愉快的表情說：
　「辦這種雜誌有什麼用？」致使 L 氏很失望地退出。不過，我也聽過
　這樣的故事。一九八九年顏水龍先生來渥太華訪問，並對同鄉作一席
　非正式的演講，報告他留法的經過。據說一九二九年他留法時，彰化
　銀行的日人總經理坂本買了一張他 600 元的畫，後來坂本又替他開畫
　展得數千元。在巴黎生病急須回國時，林氏資送 600 元等等。可見林
　氏關懷台灣有爲人才的另一面。

㊟林書
1994年6月8日

　　要葉芸芸反駁李文恐有困難，一來她所知無多，二來由她反論，難免有「孝女報父仇」的意思，恐難置信於天下。日前，王紹宗兄來信告知：鍾肇政先生來信，問他有沒有看到李文，又說李氏所言的林獻堂與林莊生書中所言者頗有出入，言外之意，不知那一說是真。從這個反應可知，李氏要中傷林、葉的目的已得到一半。

　　我希望吾兄能仗義執言，對該文的作者、論旨有所批評。你在信中所言有關林獻堂與李氏交惡的說明很中肯，真是言之成理。由此申論即可，不必費墨太多。

　　王詩琅先生是「通誌館」的成員，對《通誌稿》的記述及解釋必有影響，但可能很少。有二、三事可以告知：

　　⑴王氏對葉、莊很親近。這可以從他寫的《民族運動史》的書評❺❻，以及在某次通誌館座談會上，提起先父主持的中央書局，在民族運動中的功勞等等事蹟可知。

　　⑵施維堯先生與王氏是終身好友，二氏均與李氏曾有一段交情，但後來雙雙與李氏絕交了。據施先生說：王氏曾在一段時期受李氏之託照顧李之母親，某次李送去的錢，他母親沒有收到，懷疑王氏從中取得，兩人遂絕交多年的友誼。

　　由以上兩事猜測，王氏應該是通誌館中的林派才對。只是他人微言輕，對通誌館的立案可能很少有影響力。

○上月施維堯先生來加，我將李文事告訴他。他說：「獻璋對
　權力者的無法無天未嘗發一言之微辭；而對權力抗爭之士，
　卻大聲討伐。」他覺得這種行為非常卑劣。
○他看不起莊垂勝的理由，是他認為莊利用「妻家財」和一點
　小知識，在台中擺着一幅知識階級的領袖模樣。不像他獨立
　創業，有著作而得日本最高學位者。

---

❺❻王詩琅〈讀《台灣民族運動史》〉，台灣風物 22 卷 3 期，頁 171～
　178，1972。

第卅九信 陳書
1994年6月14日

　　我勸你應該讓葉太太或葉芸芸知道，否則死人遭活人蹧蹋，很不公平，我的意思是把日文原作寄給她們知道有這麼一回事，如何處理由他們決定便可。你怎麼知道葉芸芸所知無多？這一段台灣史，讀了幾本書不就清楚嗎？而且她在台灣交友多，當中可能有人願意寫，孝子報仇，似不必替她擔心。第二，李獻璋憎惡葉榮鐘的原因需要弄清楚，此事葉太太可能知道得很清楚，寄日文原作給她，不是可以順便提起這件事嗎？我的意思是，要把事實弄清楚，以後寫文章才有根據。鍾肇政如果讀李文之後，對林獻堂的觀感發生動搖，那麼鍾肇政這個人的水準也就可想而知。林獻堂不是神秘人物，不是林莊生怎麼說，李獻璋怎麼說，就怎麼樣的人物。從大處看，不難了解林獻堂的人物。李文是誹謗，不很清楚嗎？連這一點是非都分不清楚？

　　我從舊書堆找出「通誌稿抗日篇」，纂修者是黃旺成，黃的經歷我不清楚。文獻委員會的〈台灣史〉單行本的日據部分是王詩琅寫的，寫法與黃旺成差不多。王詩琅歿後，李獻璋把王寫給他的一些信件發表在《台灣風物》第 35 卷 3 期（如有興趣，可以買來看看），裏面也有一些錢的帳目。如果不是你寫信來說，我也不知道他們絕交，但是李與人絕交是司空見慣的事，大概絕交的人比沒有絕交的人多。施維堯氏對李的評語

非常中肯，李獻璋就是未曾對強權提出一聲微辭，反要狂咬向強權抗議的人。施氏這句話說得很好。簡單明確。

　　跟李獻璋，我於三十年前已打過筆墨官司，寫過二、三篇文章，但是他這個人很卑鄙，不以論爭解決問題，而恫嚇要訴諸法庭（除非謝罪），他說要訴訟的是現在國民黨黨史委員會副主任的陳鵬仁與我。陳鵬仁說他要去美國留學，不能離開日本就麻煩了，真的到李家向李謝罪。我根本不理他，但是他終於沒有訴諸法庭，可能律師都不願意替他辯護。所以這次還是由你仗義執言，跟李獻璋交鋒看看吧。

第四十信 林書
1994年9月7日

　　寄來的《磺溪一完人》和有關虛谷先生的兩篇文章均收到了，謝謝。

　　該書中有不少吾兄加筆的評語，讀來倍感親切。在這些評語中，可看出你實事求是的學術精神，對我來說也有極「提醒」之意義——蓋言不能過實也。

　　有關反駁李文的文章，還遲遲不能著手。我曾在學術論文上跟一位著名學者打了將近八年的爭論，結果雖然得勝了（在此人主持的雜誌上得以發表），但頗有「筋疲力盡」之感。深深感到這種爭論，除了當事者外，其他局外人很少能了解雙方的意圖和理論。結果判決往往是「Ａ是對的，但Ｂ也有道理」的結論，使人感到「早知如此，何必當初」之慨。

第四十一信 陳書
1994年9月13日

　　台灣研究台灣近代史的人很多，我想知道的是，到現在沒有一個人寫文章駁李文嗎？我把你寄來那幾張自立晚報的譯稿與原文對照了，譯文雖有些錯誤，但是大抵忠實於原文。你說施維堯非常憤慨，但也沒有辦法，怎麼沒有辦法？寫文章駁嘛！李獻璋的文章處處由推想獨斷構成，缺點很多，為打擊人家而寫的文章，往往如此，把論旨導向作者預先立定的方向去。怎麼不反駁，讓他橫行，在旁憤慨？

第四十二信 林書
1994年12月13日

　　好久沒有寫信給你了。你交給我的兩大工程：(1)寫《陳虛谷作品集》的序文，和(2)駁李獻璋的文章都無法繳卷。非常抱歉。頃讀 New York Times 的 Book Review，始知美國最近對毛的 revisionist view 很盛行。因你曾譯過有關毛的作品，此篇文章或有參考的地方，所以順便寄給你看看。我最近再重讀你送給我的賴和先生紀念文章❺❼，只覺得一種 anecdote（小故事）的收集，印象泛泛，不能說很傑出。從報端得知最近台灣舉行過「日據時代之台灣文學」的國際會議，不知吾兄有沒有參加？順著本土意識的抬頭，台灣的出版界看來頗活躍，不知有沒有值得看的書？最近常感到自己的想法與年輕一代的差距愈來愈大。我覺得他們受大眾文化的影響太大——這是我不喜歡的地方——缺少 original thinking。

---

❺❼李篤恭編《礦溪一完人》（前衛出版社，1994，頁 229）。其中一篇是陳逸雄：〈賴懶雲與陳虛谷〉。此段文章是針對該書，而非對逸雄的文章。

6. 1995 年（第43至第46信）

第四十三信 **陳書**
1995年2月28日

　　十二月下旬收到一封信，寥寥數語，讀後不過癮。你說我有關賴和的文章寫得不好（客氣不敢直說，我替你直說），才器平凡，又無學問，何來傑出的文章？那篇文章是給研究賴和與陳虛谷的人提供資料的，anecdotes（軼事）的本意在此。以後有機會，想把這些 anecdotes 聚集一起，再寫一次。不過我說陳虛谷的〈敵人〉❺❽詩是台灣文學史上第一篇為先住民而寫的詩，倒是創見。為寫這句話，對台灣詩人的詩一直留意去讀，不是隨便寫的。

　　有關毛澤東的剪報，多謝，我對此人頗有興趣，不論好歹，他是個突出的人物，值得關心。李志綏的書，中文版已從台灣寄來，僅讀一部分，興趣津津。李氏去年發行此書，幾日前死了，死前寫出這本書，真是萬幸，讓後世知道毛的真面目。王紹宗來電話要我寫一篇台中一中建校八十週年的文章，讓我花了幾日時間寫了一篇歪文，今天寄去了。他說常與你用

傳真聯絡，也請你寫，我想你已寫好了。

《陳虛谷作品集》的序文，反駁李氏文章都不寫，怎麼好意思？不行啊，應該都寫。駁李文早點寫，序文年底交卷，你說如何？這是不為也，非不能，很難交代，不要讓我頭痛，拜託拜託。你常回去台灣嗎？

我是地僻心自遠，天天呆坐家中等死神來迎接。就此擱筆吧，等你回信。祝好。

---

❸此詩原不附題，登載於《台灣新民報》345號（1911年1月1日）。後來附上標題〈敵人〉，收錄於《虛谷選集》。虛谷告知家屬，此詩為霧社事件而作。

　　拭拭拭！
　　拭起我們的眼淚，
　　敵人來了！
　　不要使他們看見，
　　他們會曲解我們是垂頭喪氣。
　　我們便是死屍遍野，
　　也不願在敵人的跟前表示失意，
　　表示失意，是我們比死以上的羞恥，
　　開拓運命，盡在我們自己，
　　用不著敵人來假慈悲。
　　拭拭拭！
　　拭乾我們的眼淚。（後半段略）

第四十四信 林書
1995年3月15日

　　我在十二月信所寫的是針對李兄編的書而言，並不是對你的作品。Anecdotes 對現在的讀者很重要，他們要的是 relaxed reading（輕鬆的讀物），不是大塊議論。要緊的是讀了 anecdotes 以後，要留下一點回味。

　　我跟王紹宗的往來始於近二、三年。他是我在台灣能委託事情的兩個朋友之一。我對「同學會」這一類東西沒有感到積極意義。不過，王君是一個「義人」，我受他拜託，不得不「義不容辭」了。這篇文章，後來又加上一段發表在《加郡台訊》❺，請指教。《陳虛谷作品集》序文大概也是屬於這種「義不容辭」之類吧？不過「序文」卻太重，論資格與學識，怎可當滿盈伯作品的序者？最多只能草乙文「讀書心得」而已。千萬不要把我當序者。我覺得陳映眞、張恆豪兩篇舊序文可以再用。我的困難是，這是我第二篇的陳虛谷論，但找不到新角度。

　　駁文並沒忘記，問題是找角度。我不想就事論事，因爲這種論戰會像一筆流水帳，永無止境。我這禮拜五要回台，李獻璋發表在《台灣風物》的〈王詩琅先生信札集〉我需看一看。如有李氏的其他文章，如發表在同鄉雜誌或其他雜誌的文章，請送來給我。

第四十五信　陳書
1995年3月26日

　　李篤恭曾來信說他編的那本書銷售情形很好，尤其在聚會時拿出來賣，大家爭先購買。我寫信告訴他，事出我意料之外，我認爲這樣的書有人買嗎？說實在，沒有一篇可讀的文章。李氏又來信說，王和雄告訴他，最好的文章是土氏本人、李篤恭、與我的文章。我想這就是所謂「王婆賣瓜，自賣自誇」，土氏的文章、李氏的文章哪裏好，我寫的，也談不上好。古人說文人相輕，其實也是文人自以爲了不起的反映。你說是不是？

　　最近花費一個月讀了三本書，一個月當中，沒有讀書的僅有兩天，是我讀書史上破天荒的記錄。李志綏的《毛澤東回憶錄》、張戎的《鴻》、阮銘的《鄧小平帝國》。三本都是好書，寫得最好的是張戎的《鴻》。作爲資料，最寶貴的是李著《毛澤東回憶錄》。如果李氏具備阮氏的政治頭腦與分析力，就會提供更好的資料。很可惜，李氏今年去世，好在死前留這本書給後世。眞難得。

　　過去對賴和，沒有人提出批判性見解，我在〈賴懶雲與陳虛谷〉一文對賴和一些事提出三點批判性看法，你注意到沒有？連我寫的那麼輕度的批判性意見，我都未曾看到，所以我做了一種新的嘗試。我不贊成把一個人當做「完人」看待。這樣的看法阻礙自由的評論，又不符事實。中國人的評論往往是

捧到天上，否則踢到地獄。

　你寫信怎麼都寫那麼一點點？勿太吝嗇。

第四十六信 林書
1995年5月2日

三月廿六日的信和有關李（獻璋）氏的資料均收到了。從後者中得知你和李氏的筆戰。老實說，他那篇（1990）文章如果在北美一定構成誹謗罪。此地曾經有個台灣人辦的報紙稱某人為「三腳仔」，此人告狀於法院而得勝訴。

你說王氏舉三篇珠玉篇（他、李篤恭和你），我也覺得他（王氏）那篇印象最深。李文卻有點失望，從文中可看出他對賴和先生的敬仰，但讀者不能從他的文字中得到同樣的感動。如果這種文章出於普通人的手筆，那沒有話說，但如果出自文學家的李氏，即應有更深刻的表達。你的大作有點像茶，平凡中有智慧。

我特別發現你的「發想」很多是出於「反駁」。這與我們在科學上的「發想」方法很相似。可圈可點的是你在書上用「鉛筆」註明的評語，我都覺得很有價值。

至今才知你曾在東京大學修中國文學。在那動亂的六十年代，能潛心於中國的古典文學，是要有一點修道僧的工夫。

7. 1996 年（第47至第73信）

第四十七信 林書
1996年4月9日

一月中與三月中因事回台兩次，從王紹宗兄得知你開刀，據說在靜養中你還掛慮著出版虛谷先生的詩集事。說來很慚愧，你委託的二篇文章至今還無法交卷。非不為也，實在有困難（構思上）的地方，請你原諒。

在台時買了乙本陳昭瑛的《台灣詩選注》（正中書局，1995）。選出的詩人清朝以前廿一位，日據時代五位，一共五十九首。有詳細的注釋和說明，像陳氏這種選注的「普及版」也很重要。因現在能欣賞舊詩的人不多。詩選對讀者來說有雙層意義：原作者的風格、選者的境界。我是「A good art collection is the art itself」（好的藝術收藏本身就是藝術）的 believer（信徒）。請考慮考慮！

第四十八信 陳書
1996年4月17日

　　一年沒有通信了，忽接來函，近況可好？去年是我在健康上發生轉折之年，第一次是左半身有脫力感，發生麻痺，走路如鴨子左右搖擺，無法保持平衡。醫生說是身體發生重大變化的前兆，住院兩星期，做了種種檢查才知道是腦梗塞的預兆。嗣後註定每天吃藥，一個月給醫生看一次。半年後的十二月，參加船橋市的免費成人病檢查，醫生說我的X光照片有陰影，需要精密檢查，作了檢查，當場叫我住院，說我患肺炎，再作檢查追究肺炎的原因（因為肺炎的病情不改善），發覺有腫瘍，於是移轉到國立治癌中心於二月五日開刀，割除左肺的上半葉及被癌細胞侵蝕的肋骨兩支和兩肺間的淋巴節。據醫生的說明，肺癌的再發率很高，像我的進行癌，再發率達 60～70% 之高，而再發時期多在手術二、三年後。我本來希望能死在手術台上，因為我的生命不值錢，活不活無關重要，而且死在手術台上無痛無苦，死得最舒服，求之不得。但是既然不能如願，把餘命留在人世，我希望能把《陳虛谷作品集》和《陳虛谷留真集》（相片集）編輯好。能不能出版很成問題，但是先把編輯做好再說吧。

　　你提供的意見非常感謝，紹宗兄的書還未收到，但是對那種方法，我沒有多少興趣，第一是出版不容易，第二是我的學問太淺薄，根本談不上什麼「選者的境界」。我編輯《陳虛谷

作品集》的目的只有一個：就是將陳虛谷的作品完整地保存下來。因此讀者不多，對我來說無關重要，而且他的舊詩大都不需要說明注解也可以理解。

我倒有意思在日本編譯一本《台灣抗日詩選》，用日語訓讀、譯詩、注解。這個構想從一年前就有了，只是我的漢學基礎很有問題，現在加上生命有限，恐怕活不了幾年的問題，所以實現的可能性更渺小了。「人生不如意常八九也」。

中國共產黨的台灣政策實在很不聰明，一味想抓住台灣不放，反而引起台灣人的反感及美國、日本的警惕，結果把事情搞得更難解開。你回台兩次，當有另一種體會吧。祝好。

第四十九信 林書
1996年4月23日

　　在療養中還寫這麼內容豐富的信，真是使人佩服。肚子裏有東西的人，就是把身邊瑣事寫出來，還是滿有味道的。過去洪炎秋先生極推崇周作人，他覺得周的散文是以「淡」與「澀」見勝。東京的苦茶先生——逸雄兄——也有點類似的地方。

　　你的《陳虛谷作品集》想已完成，只待出版。我曾建議王紹宗兄是否可找彰化縣或彰化市的有關單位資助？這幾年來，文建會拿出一筆錢，出版有關本土文化的書。最顯明的例子是每縣市爭先出版畫集（本地出身的畫家）、文集（作家）。前者大概不下一百本（全省），後者我看過的有新竹縣文化中心出版的鄭世璠、台北縣立文化中心出版的王昶雄的文集（很不錯）。照這個例子來看，彰化縣應出版你的文集。聽說畫集一本大概需一百萬的預算。

　　我年初把一些文章蒐集起來，欲在台灣出版，但還沒找到出版社，聽說去年台灣的出版社大多是「赤字」（日語：虧本），因此大家都變得很小心，不能像以前有人來就出版。我把序文❻送給你看，算是人生的畢業論文。

─────────────

❻此文乃是現在的《一個海外台灣人的心思》的「前言」。

第五十信 陳書
1996年5月2日

　　我看你對我特別優待，沒有什麼值得讚揚之處，你也要對我寫的信褒賞一番。記得去年你曾來信說，我於一九六○年代進讀東京大學中國文學系，有點求道的修行僧的味道。其實這是你估錯了行情。當時如果沒有學籍，便不得居留日本，所以為了求得在學證明書，曾在東大做了三年得不到學位的非正式研究生。你把我美化得那麼動聽，慚愧之至。將浪子看成苦行僧，套一句賴和的詩句便是「我不自愧人亦議」。

　　回顧五十餘年前，你我大同小異，差不了多少，但是現在你已經把人生的畢業論文都寫完了，我還在人生入門不遠處徘徊打滾，何以相距這麼遠呢？我看你一生頗認真謹慎，像我一生迷迷糊糊過來的人，絕不敢使用「拼命向前奔跑」「只管向前奔，如此一站又一站，中間無休息的時間，相當辛苦」這樣的句子。老實說，我的人生大都浪費掉，消磨在遊蕩、玩樂、消遣之中。我過的日子都是休息，都是消遣，一點不辛苦，是不好意思向人提起的。台灣人到海外，有幾種看法。我在一九五六年出國，其實沒有什麼深造的意向，最大的原因就是不願意住在蔣介石統治下的台灣，現在想來，可以說是個逃兵。相當部分是為了逃避現實而出國的，讀書是次要的。

　　你說台灣人移居海外有好處，可以回饋台灣社會。當然是這樣，不過移居海外的台灣人，台灣人的意識可以保持幾代？

雖不至完全消失，但是顯然一代不如一代。我的兒子台灣話、北京話都不會說，對台灣的關心亦不多，也不喜歡吃台灣的食品。不寫了，寫太長也沒什麼意思。

PS.1 你的文章一讀便知道你是品行方正，認真閱歷人生的人。我這個吊郎當之不及處也。

PS.2 希望你回台做彰化縣文化中心主任，否則我的文集哪有出版機會？

第（五十一）信 林書
1996年7月21日

　　在《台灣風物》46 卷 1 期看到吾兄〈內藤湖南的台灣論說㈣〉。我對內藤之文章沒有多大興趣，但對吾兄的「解說」卻「興味津津」。很多平常沒有注意到的歷史側面，由你的解說而 illuminated（照亮）了，例如由佐藤春夫筆下（1930）的林獻堂與一般反林派所形容的形像大不相同，林氏在警察監視下，跟佐藤不卑不亢地討論台灣的現實，這是出自一個日本人的觀察❻。我記得蔡培火先生是對「林獻堂是同化論者」一說最強烈的反駁者，他對堅持此說的通誌館同人大抱不平。一個人的價值判斷往往反應他的政治立場：通誌館裏（黃旺成、王詩琅等）大部分是台北 group，是民衆黨的幹部，李獻璋可能是此派的顧問；相反的，台共人士卻諷刺民衆黨爲「迷衆黨」。在革命建國的時代裏，謝雪紅是英雄，但在民主自由的時代裏，林獻堂可能是一種典範。看過今年三月台灣總統選舉後，更覺得民主是一個長遠的路程，還是像林氏這種人物較可靠（溫和但鍥而不捨）。

　　吾兄精通台灣近代史，對台灣的何去何從不知有何看法？我看了總統選舉後，對台灣人相當失望。沒有文化的國民，很難達成良性的民主。大家都太注重「近利」（現實主義）而忽略「遠慮」了。

　　最近台灣言論、出版都自由化了。街上有不少台灣近代

史、回憶錄、自傳之類，但值得一看者不多。如果以「不以人廢言」之立場來說，《陳逸松回憶錄》和許信良的《新興民族》是相當有價值。因王紹宗兄（我覺得他是個義人）的關係，我看了不少台中一中畢業生的回憶文。其中大都是甜而美，只有吾兄是 bitter and uncompromising（痛恨而不妥協）。這是很重要的個性。這種人的自傳一定非常不一樣，希望你把它寫出來。

---

❻ 在〈內藤湖南㈣〉的「解說」（頁 126）中，逸雄做如下的評語：「有人說林獻堂之流搞同化，是出賣台灣人的靈魂。也有人說林獻堂是徹底的同化主義者。佐藤春夫介紹的一九三〇年代的林獻堂的見解，自然也是我們判斷林獻堂的重要資料之一。」

第五十二信 陳書
1996年7月27日

　　你器度恢宏，每每著眼人家的長處，於是我的平凡文章，經你過目，便成值得一提的文章，其實與其說我寫得好，不如說你不吝誇獎。林獻堂非無缺點，但是他在台灣近代史上的作爲功多於過，把他講得一文不值，我想是不對的。李獻璋攻訐林獻堂的文章，你不想著文反駁嗎？應該寫。我與李有瓜葛，現在又因身體有問題，需要趕編先父的書，無暇顧及餘事，但是感覺有那麼多寫台灣史的人，竟找不到一個人仗義執言，很可憐。

　　台灣的將來如何，現在我不敢斷言。要看出三年後五年後的世界都不容易，何況台灣問題並非三年五年可得解決，更不易看透。今年三月美國派出海軍機動部隊，表示美國衛台的決意，這是我沒有想到的，雖然前此，有些美國的軍事專家說美國會干預台海戰事，我當時還不敢置信。結果干預了。我覺得明年中共取得香港之後，會加速進行統戰，所以時間對台灣非常寶貴（我認爲不宜與一黨獨裁的大陸統一），但是台灣人的表現正如你所說，令人失望。國會變成演武場，今天這裏的電視又照出來，這種事幾年來反覆表演，整個台灣人包括選民與議員的程度，由此可知。

　　先父的書，王紹宗大概聽你的意見，向縣文化中心打聽，向我索取說明書，我已寄去好久了，還未接到進一步的消息。

可能不容易。好的自傳不多，也就是活得真正有意思的人不多
的緣故。你勸我寫自傳，我怎麼敢寫？人不需要做大政治家、
大企業家或是大學者，但是起碼要活得有意思才配寫自傳，像
我這種迷迷糊糊在醉生夢死裏度過人生的人，怎麼可以寫傳
記？人要有自知之明才好，我什麼都不會，卻有一點自知自
識。

　　暑天到了，最近每天的時間都用在看世運電視，想這樣不
好，應該讀些書或是寫點文章，但是只管想，還是看電視過日
子。懶惰雖然最無意義，但是最舒服。祝好。

林書
1996年8月9日

　　這幾天我把你的信函整理編號，然後從頭一封（1991.12. 19）到最近的一封（1996.7.27）全部過目，很有意思。覺得你的「隨筆」可讀性很高（對第三者而言）。爲客觀起見，我將鍾肇政、東方白著，張良澤編的《台灣文學兩地書》（前衛出版，1993）做爲比較的對象。發覺你討論的問題更廣闊，意見更率直，一針見血之處更多。你說：「像我這種迷迷糊糊在醉生夢死裏度過人生的人，怎麼可以寫傳記？人要有自知之明才好」，我不同意。這是古典的「修身齊家」觀下的自傳。有一種雖不屬於此類，但很有價值──那是不同的看法而能自成一家之言者，吾兄是屬於這一類。你看一百多篇中學時代的回憶文中，唯獨你的與衆不同。說它是反抗性的表現，倒不如說著者是個講眞心，而非人云亦云者，是個 honest thinker。所以你的見解非常 sharp and original（尖銳而獨樹一幟）。看書（信）看到此處，讀者不覺爲之興奮不已。

　　你給我的信共有二十二封。《台灣文學兩地書》是鍾氏與東方白（在加拿大）來往的信集，由張氏編輯。但編者對信的內容一概不申說，只做 technical editing 而已。內容是鍾氏鼓勵東方白完成巨著《浪淘沙》和東方白的奮鬥情況。看過你的信件後，有兩件事想提一提：第一，盧伯毅先生的令嬡盧靜綠女士，我曾聯絡過，但一直沒能聯絡上。看來，盧女士常來

加拿大，有機會請轉告她，非常歡迎她來渥太華一叙（Van-
couver 到 Ottawa 要飛六小時）。第二，令兄逸村兄的 com-
ment 說我是有實行力、是罕見的人。大概是因爲我曾說想要
寫一篇有關虛谷先生的文章，而不到兩年，書就出來了。這使
我想起一件很抱歉但無可奈何的事情：有一次，我回台時請他
批評我的初稿〈陳虛谷先生〉。他指示我幼春先生是滿盈伯之
師（我認爲詩風不同）。後來《懷樹》採用此說，因很多詩，
虛谷先生請他修改。他還說把我的初稿投《文學台灣》。我聽
了不勝驚訝，因一稿雙投是犯法的（北美），因此請他拿回。
他說先登在其他雜誌有廣告的作用。我雖體會他的好意，但不
願如此做，因我要跟自立簽約。住慣北美的人希望凡事「照步
來，不願生枝節」。自立的簽約書本來有他們的一套，因對著
者的權益沒有適當的保証，我還特請律師修改，花了一萬元律
師費，經修改後再與自立契約。令兄建議我，如果此文不行，
能否寄一篇給《文學台灣》補白（該文已排好），我當時正忙
於《懷樹》，沒有其他稿。他又問我能否答應將來投稿給它。
這個要求是合理合情的，但我還是不敢答應，因我寫文章需很
長的構思期間，不像很多文士之「一擲而就」者可比。接連三
次的 No! No! No! 對令兄的不敬一直耿耿於懷。及至 1995 年
我才投稿《文學台灣》。其後還有兩篇登在該雜誌。

1995　第 15 期：我所知道的陳夏雨先生及其藝術

1996　第 18 期：彭華英先生印象記

1996　第 19 期：少年眼中的「陶姐」和她的兒子

　　老實說，第一篇我花了二十年的工夫才完成構思，理由是我雖與陳氏交往相當密切，但他的藝術到底好在那裏，我還不能滿意的加以說明。及至年前他女兒來信說有人要出版他父親的寫眞集，要我寫一篇文章（她說我是最了解她父親藝術的人）。經她（她本人也是前衛藝術家）這麼一捧，義無反顧地接受下來，不過我還小心地告訴她能不能寫成毫無把握，這是實話。後兩篇也都化了三、四年的構思期間。主要原因是我很不滿時賢對前輩文人的過度評價，而文中看不到「人」的面貌、味道。《懷樹》中的前輩人物還有信、詩、文獻方面的資料可供我做聯想的根據，但很多人，如彭先生、葉陶女士，只能憑印象而毫無資料（written documents）的人物，我只好用小故事來塑造主角的風格。《文學台灣》在「台灣人物」一欄下登出後兩篇文章，這一欄未曾用過，可說是爲我的文章性質而設。旣然如此，這也表示他們對「台灣人物」的重視。逸雄兄，請你來接棒這個題材如何？你可以寫葉榮鐘、莊遂性、賴和……等等。我現在已經沒有什麼人可寫了，因只憑印象可以寫的對象已經沒有（除了李獻璋）。眞是「江郎才盡」了。如果後繼無人，此欄將會消失，太可惜。希望你在看電視之間「心血來潮」時，猛然一醒，提筆揮書幾篇如何？

第五十四信 陳書

1996年8月17日

　　你來信說將我寄給你的信整理編號，使我大吃一驚，其實我在信中提起的多為私人問題，哪裏有什麼「討論的問題更廣闊，意見更率直，一針見血之處更多」呢？與其為這樣事浪費時間，不如再寫一篇文章。

　　你寄來的兩篇隨筆，可謂珠玉小品，把葉陶與彭華英不為人知的側面勾勒出來，描畫得栩栩如生，陶姐不讓鬚眉而在男人社會卻又不斤斤計較的風度，呼之欲出。彭華英也描繪得很成功，原來他就是那麼尊重婦人的男士，而你筆下的那位北京太太，雖然懶洋洋不願動手做家事，卻能給丈夫帶來慰情，也夠引起讀者的同情，頗具女性的魅力。兩篇都寫得好，而因為這兩個人均為台灣近代史上的人物，難怪林衡哲要轉載❷了。他期待「林莊生的生花妙筆」，你怎麼可以推給我，還是由你繼續下去吧。我認識的人不多，寫不出文章。其實你對葉陶與彭華英所知亦不多，但是你卻能把一些拉拉雜雜的事搜集一起，加以整理，湊成珠玉兩篇，這能力難得。《文學台灣》這雜誌，數年前有人送我一本創刊號，以後想買，吩咐了幾次，但是都沒寄來，我記得台北有個聯絡處，雜誌裏有沒有記載台北聯絡處的住址、電話？高雄的地址、電話、傳真，請一併示知為荷。買台灣的書都要拜託人家代購，很麻煩。

　　你以為我把先父的作品集都整理好了，其實不然，作品

集、留眞集都還未編完，還在等台灣寄來的樂譜、相片等資料，我該寫的文章也還未寫，事情還多呢。漫然浪費時間，看電視，眞糟糕。

　　我說活得眞正有意思的人，才配寫自傳，這與「修身齊家」觀無關。只要活得有意思，不需要所謂大人物，就是小人物也可以寫，放蕩人物也可以寫，是不是？我說我不敢寫，就是因爲我的人生不能說活得眞正有意思。實在是迷糊裏度過來的，這不是矯揉造作之語。人生沒有第二次了，回想自己走過來的路，是萬分對不起爲子女的教育那麼辛苦、費盡心血而有所期待的父母，尤其是父親。但是我平常不去想這些，臨死才悔過，不願意也。想也沒有用，乾脆不去想。

⑥美國《太平洋時報》轉載我的《彭華英印象記》乙文時，該報文藝欄
主編林衡哲先生附文〈浪淘沙中的男配角——彭華英〉（1966年5月
24日）介紹：

　　浪淘沙的作者東方白，因為親眼接觸過蔡阿信，因此他把蔡阿信
　　這個角色活生生地刻劃出來，但是因為他沒有親身接觸過蔡阿信
　　的先生彭華英，因此他對彭華英的描寫頗為平淡無味，現在由親
　　眼見過彭華英的林莊生先生寫出「彭華英印象記」，才算讓我們
　　看到活生生的彭華英，雖然在台灣小說史上，蔡阿信在東方白筆
　　下變成重要人物，但是在台灣近代民主運動史上，彭華英的地位
　　遠比蔡阿信重要，有一度他曾經是蔣渭水的親信與最重要的左右
　　手。把霧社事件傳到日內瓦的國際聯盟，讓國際間瞭解日本人的
　　暴行，就是蔣渭水與彭華英的歷史性傑作，而彭華英與蔡阿信的
　　婚姻，也是由蔣渭水作媒的。

　　彭華英雖然長得一表人材，學問也很好，對台灣人出頭天的民主
　　運動也非常熱心，同時也頗有貢獻，但在台灣人第一位女婦產科
　　醫師蔡阿信心目中，他是不務正業的遊民，同時也不贊成他對台
　　灣民主運動的過份熱心，結果是有一天彭華英破窗而逃，並離開
　　心愛的祖國台灣，到異國的北京流浪，最後他與蔡阿信離婚，並
　　與北京姑娘梨園子弟結婚，在東方白的小說中，彭華英是死在中
　　國。但真正的彭華英並沒有死在中國，戰後常帶著他的再婚夫人
　　返台，在楊肇嘉主持的省府單位服務，雖然不是很得志，但安貧
　　樂道，至少在二二八時，沒有暴死在國民黨的槍桿下，並得以在
　　自己的故鄉台灣壽終正寢。我們期待林莊生以他的生花妙筆，刻
　　劃出更多他親身見到的這些被歷史遺忘的台灣歷史人物，把他們
　　的歷史生命重新復活在台灣人的心目中。

第五十五信 林書
1996年8月22日

　　洪炎秋先生曾告訴我說：「成功的經驗固然要寫；失敗的經驗也要寫。對讀者來說，後者的經驗可能比前者更要緊。」我寫《懷樹》時，取此句為座右銘。你不願寫自己也可以，但其他的事多寫一點。我從前看過一部日本古裝電影（大概是〈宮本武藏〉）。有人送武士一枝切下來的櫻木，此人把切口看了又看，最後嘆出一句話：「從這個切口也可以看出這個人的氣魄。」我看到的「切口」是你的信和你的文章（至少有五十年沒見過你了），問題是我有沒有這個武士的眼識？我非常不願意說：「我沒有」。

　　日前把《文藝春秋》中的一篇文章譯成中文❻❸，感到很吃力，我為「通順」稍為犧牲「真」。是否可以請你評一評，最好給我潤色潤色。後面一段引述是否適當，也一併講一講──我希望至少能自圓其說。因想於近期中投稿台灣報紙，請改正後速寄還是幸。

----

❻❸《文藝春秋》1996年四月號，登載日本高中作文比賽的特選作：沖繩，金城幸的〈難忘的盛餐〉。此文十分代表日本新一代的思想傾向，因而將它翻譯並加以介紹申論。該文〈談日本高中作文比賽的特選作〉，現收入於《一個海外台灣人的心思》。

第五十六信 林書
1996年8月22日

　　剛剛寄出一封長信和小稿，回來後發現答非所問，所問竟沒答，非常抱歉。加拿大郵政服務非常差，每週只分發五次（星期一至五），收信每週六次。因此非有傳眞無法做時間性的聯絡。此信匆匆寄出，是想趕上今天收信時間。現在再補充幾點：

　　(1)對「彭」、「陶」兩文誇獎，非常高興。因爲你是個眼識很高、不隨便捧人的人，其讚辭當然極有分量。我所以鼓勵你寫「台灣人物」，是因爲：第一，我已沒有材料了。第二，你有你認識的人，例如寫一篇盧伯毅先生，如何？

　　(2)《文學台灣》自一九九一年十二月創刊以來已有四年（19期）。其間沒有中斷，品質也沒降低，維持相當高的水準。聽說由幾位醫生撐腰，因讀者太少，經營還在「赤字」當中。投稿事宜可直接跟鄭炯明先生（發行人）聯絡。鄭先生是醫生兼詩人。他的電話和傳眞通用。此雜誌的缺點是視野太窄、太死板，所關心的只是同人的作品與書。我月前提出我的不滿，它需要很多不同的 idea、不同的作者來共同開拓。如果你能從東京來參加，他們一定很歡迎。我頭一稿被採用時，鄭先生送我整套的《文學台灣》（有十四、五本）。始終一貫的是雜誌認眞的編輯精神，這一點至少比李喬主持的《台灣文藝》好。

⑶《時報》《葉榮鐘全集》的第一集大概是葉芸芸送你的，我也接到乙本，是直接來自出版社。葉芸芸要你譯她父親的「論文」部分，要我譯「日記」部分。後者我承擔了，這大概是「編後記」中致謝我的原因。

⑷第一集頁443及頁434有二張台中圖書館茶會會員的名字。我很想把其中的人物稍爲介紹一下。其中你有無較熟而可以寫的人？如吳行全、林連宗。如能將這一群人（一百多位）介紹，可再浮現一九四八年代台中名士交歡的狀況。

第五十七信 陳書
1996年8月27日

　　我說自傳應由人生活得真正有意思的人來寫，意思並不是說正人君子才可以寫自傳，也不是說成功者才可以寫自傳，只要活得有意思，即使失敗者，甚至犯罪者都可以寫自傳，至於我個人，完全不具備這種條件，不足提起。就是不值得寫。

　　你寄來的信及蔡培火的有關琉球的文章收到了❻❹。我對琉球的關心，盡在於琉球人的琉球意識現在變成如何。我在〈福澤諭吉的台灣論說〉解說中曾說：一百年前日本併吞琉球，琉球人民奮起抵抗，二次大戰後還有些人從事獨立運動，但是時至今日，一般琉球人都自以為日本人，歲月的可怕，歷史的可怕就在這裏。沒有想到最近因為美軍基地的問題，竟有些琉球人談起自治、獨立的問題。雖然這可能不會成為一股潮流，但是這種意識尚在，也足以令人感嘆的。你說如果台灣受日本的統治至今，台灣人的台灣意識還能保持多少？如果受日本的統治二百年呢？我想台灣人的日本意識可能超過台灣意識。如果二百年還不夠，三百年就足夠引起這種現象吧？

　　《文藝春秋》的文章，你怎麼想翻譯這樣的文章，我大惑不解，也不知道這篇文章怎麼會得到評審員全體一致的推薦而被認為最傑作的文章。我讀後生起一種震撼，不是因為文章好，而是因有一種厭惡。這個女孩子竟然吃掉小羊——她竟能嚥下，使我驚訝不已。她與這隻小羊至少四個月之間，一塊遊

玩，養牠吃草，給牠取名 Josephine，應有一份感情，怎麼吃得下？好幾年前，內人把我家魚池中的鯉魚烹飪了，我與小孩都不敢吃。我們未曾給予飼料，也未曾看見魚影（雖然是個小魚池），但是沒有人想吃，何況小羊？這好比把自己養的狗烹飪吃掉一樣吧？她把一碗羊肉湯吃得乾乾淨淨，令我非常驚嘆。我讀後受到震撼而不舒服。這篇文章除了這一點，也不見得那麼好。真的那麼好嗎？我感覺不過如此如此。

---

❻琉球大學比屋根照夫教授在日本《世界》雜誌（8 月號，1996）上發表論文說明沖繩人追求自立、自治的歷史。此文的特色是著者不僅著眼沖繩跟日本的關係，同時也考察當時殖民地朝鮮、台灣的自治訴求。文中引用不少蔡培火的論著做立論的根據。

第（五）（十）（八）信 **陳書**
1996年8月29日

今天意外地又收到一封來函。

吃羊肉那篇文章，作者能嚥下羊肉令我一驚，吃了之後，非但沒有厭惡感，竟感覺好吃，把它吃完，令我二驚，審判員沒有人提起此事置疑，令我三驚。四個月的伙伴，怎麼吃得下？既然如此，兩天閉門不食，又有什麼意思呢？我眞無法了解。

台灣的人物，如果想寫，可以寫幾個，林獻堂、莊遂性、葉榮鐘、林連宗等等，只是我要先做的事很多，對寫台灣人物不感興趣。關於先父的兩本書，無論如何要編輯，僅做到一半，正在等待台灣的資料。我開刀的時候就已經向台灣要，遲遲尚未寄來，不如意事常八九也。

……不過，現在要我做其他的事，困難了，醫生說肺癌再發多在手術後二、三年，或然率多達 60～70%，所以我需要爭取時間。沒有寫台灣人物的時間，也沒有時間翻譯葉先生的文章。

莊生兄，我對人生的看法，並不以世俗的成功與失敗爲基準。賺錢、有地位、有權勢，我看得很淡。回顧自己的人生而對父母感覺內疚者，是因我沒有活得眞正有意思，是在醉生夢死裏度過來，如此而已。一般所謂的成功、失敗，我可以不在乎。

第五十九信 林書
1996年9月5日

　　修正非常感激。王安石有兩句話：「看似尋常最奇崛，成如容易卻艱辛。」這是我看到你的朱筆時的立刻反應。句句都比我的原作好好幾倍。記不清是哪個詩人寫「先生之德」，朋友把它改成「先生之風」。雖僅一字之差，但境界卻完全不同。同樣的，你的朱筆給我很大的啓示——羅馬非一日成，逸雄先生國學之造詣亦非一日成。你說「叫我修改你的文章，未免可笑」。一點不可笑。我倒覺得有眼識泰山，自己慶幸。你有資格當我的「百字師」。遺憾的是你的朱筆不及其他部分，要不然，可以學一點你造語遣詞的工夫，你實在是太「惜墨如金」了。

　　三、四大前我以海路送兩本《文學台灣》（舊的）給你，這兩本是重覆的，所以不必送還給我。有幾本書不知你看過沒有？

余秋雨：《山居筆記》，爾雅叢書，1995。

　　　　由此書可知大陸「文化革命」之歷史的、文化的淵源。

余秋雨：《文化苦旅》，爾雅叢書，1992。

　　　　我買的是1996版。註明27版，可見此書在台灣賣座盛況。

張紫葛：《在宋美齡身邊的日子》，九十年代，1995。

　　　　　著者是抗戰中宋美齡的祕書。文字優美，記事扼要、
　　　　　含蓄，極富說服力❻❺。
汪彝定：《走過關鍵年代》，商周文化，1991。
　　　　　對台灣光復當初的政治、社會狀況描寫得很忠實❻❻，
　　　　　有史料價值。
孫慶餘：《請問新黨》，稻田，1995。
　　　　　著者是台灣人，聽說是北美新聞界有名的評論家。文
　　　　　筆之銳利可與陳芳明相媲美。不同處：孫是徹底的自
　　　　　由主義者，陳是較傾向社會主義者。
張繼高：《必須贏的人》，九歌，1995。
　　　　　此書是余光中、殷允芃等十名大作家一致推荐的好
　　　　　書。著者是頗有思想見解的人，可以說外省人 elite
　　　　　中之佼佼者。

　　以我在台灣買書的經驗來說，值得收藏的約佔 20%，其
餘都是「新聞紙」，看過就可以丟了。我建議，如果你不怕麻
煩，我可以寄上面的書給你，看完後寄還給我，怎麼樣？現在
海路也相當快，只要不急用，倒可試一試這種變通辦法。

　　你說如果台灣再被日本統治一百年至今，台灣人意識還能
保持多少？我想如果大家生活滿意，沒有被歧視，大概不會保
持太久，終會合流於日本，如琉球人；但如果不滿意而有被歧
視的感覺，終會有憂患意識產生，而台灣意識仍可以流傳。俗
語說「貧家出孝子，亂世出忠臣」❻❼，其理由在此。

　　我對金城的作文很感興趣，是因她可以不管世俗，專心一

意把自己看到的、感覺到的東西率直地寫出來。結果產生了新鮮、活潑而且具有相當哲理的文章。我覺得她的風格和「素人作家」范麗卿女士的《天送埤之春》很像。她們都是「不按牌理出牌」的人。因為她們根本不知道什麼是「牌理」。我很喜歡這種沒有受世俗文化污染的作品。

剛又收到你八月廿九日的信。時間對你來說很寶貴，但你的時間對我、對台灣人來說也很寶貴，因為我們需要「陳逸雄」這種人。我重看你的《台灣抗日小說選》的「前言」、劉賓雁書中的「後語」、《內藤》《福澤》的「解說」，讀後使我欽佩不已。

你因金城吃羊肉湯的無神經而震驚，這個反應表示你的 sensibility 和非凡的感受性；我對你的反應是有點意外，but not unacceptable（但不是不能接受）。我們農業部的農業博物館常有小孩來參觀，其中很多小孩子是頭一次知道他們喝的牛奶是從母牛來，而不是從 plastic bag。

你說短短二張，怎麼可說「長信」？理由是我的中文還在「字字是辛苦」階段，所以兩張亦有「長信」的感覺。今天這信是四張，禮尚往來，可以算是長信了罷！

㉕在第卅三信中所說成功的傳記文學的條件，此書有。

㉖著者對台灣光復當初至二二八這段期間的觀察，與我在《懷樹又懷人》中所述者相符合。

㉗這句話的反語是：「富家無孝子，盛世無忠臣」，是否如此，請讀者判斷。

　　信收到了，最近書信的來往好像非常迅速，你有沒有這種感覺？我於八月廿九日寄出一信，今天（九月十日）就收到你的回信了。我對你的大文妄行刪改，自己知道是初生犢不怕虎的行為，除非你寄稿來，我怎麼敢對林莊生的白話文亂動筆呢？記得行政院新聞局推荐貴著的一個理由，就是你的白話文優美，而你的人物描寫，林衡哲不是譽為生花妙筆嗎？所以由我來修改你的白話文，實在是天大的笑話。

　　你列開的幾本書，我僅有汪彝定的《走過關鍵年代》和范女士的《天送埤之春》（這本書是因為你稱讚而買的）。兩本都買來很久了，但未曾打開一讀。我家裏的書，十中八九都是一字不讀，排著只看書背。日本人不是有一句「積ん讀」嗎？這句話是為我發明的造語。我想你的書不必寄來，什麼時候才會讀完都很難說，你寄來，不可不讀，徒增加心理上的負擔，有礙於健康。哈哈！……

　　稍前，一位醫師在電視中說，如意的生活對健康很有幫助，愉快的心情很要緊。因為你為了鼓勵我，亂捧一場，好話寫不完，使我看了你的信就笑瞇瞇，所以我的內人聽電視的醫生這麼說，立刻就叫出來：那麼，林莊生先生的信，對你最好。

　　我說沒有時間寫台灣人物，沒有時間翻譯葉先生的文章，

這可能引起你的誤會，以為我是寸刻光陰都不浪費的人。其實，我於二月底退院之後，很快就恢復體力，差不多四月上旬就感覺已到手術前原狀了，但是到現在連一點點事都沒有做過，只是讀了幾本書而已。讀些書，等台灣要寄來的資料，其實，應做的事情很多，因為懶惰而不著手。

第六十一信 林書

1996年9月15日

　　你做事真是「打破砂鍋問到底」，一點不馬虎。我雖有80%的把握葉著是葉芸芸送你的，但看你還不放心，特地打電話問她。果然，不出所料，是她要書店送上的。

　　我看了你《台灣抗日小說選》的題字，始知吾兄工夫之深。能不能寫一幅「短冊」給我？我從來沒有收藏過墨寶，但看了你的字後，甚感有收藏的意義。字大小、文句均由你自選，我是要懸在書齋。請不要再來「惜墨如金了」。我預定9月18日回台，10月11日回來加拿大。

第六十二信 陳書
1996年9月24日

　　來信收到。你寄來時似尚未接到我的信，不過，離開加拿大之前，該收到我於十日寄去的信吧。

　　你提起的那幾本書，我想買來看一看。（讀書可以說看一看嗎？）但是你做事粗心大意（不是我打破砂鍋問到底），僅寫爾雅・稻田・九歌，後面是出版社、書店、書局或是其他的字眼，你都一律省略，要訂購很不方便，希望你賜知。這些書寄來寄去，一定要幾千元日幣，僅郵資就足夠買二、三本，所以我想還是向台北訂購較為妥當。

　　台灣有什麼消息，希望寫信時告訴我，已經三年沒有返台了。

　　《台灣抗日小說選》送給你幾年了，何以到現在才想要我的字？夢見什麼？你是莊遂性的兒子，我怎麼敢寫字給你？幾年前給你的書，為什麼到現在才提起這種事？那些字我寫了一、二百次才寫出來的，字也寫得不好。「小」寫得差不多，其他沒有一個字寫得好，「台」「抗」尤為差，寫字給你，膽子還沒那麼大。我記得在台中一中有一次書法展覽，走廊貼出一些書法好的學生作品，當中有一張是你寫的。我都記得，你自己當不會忘記吧。

　　因為你寄來台灣的地址，好像不寄信到台灣去，就辜負了你的期待，所以特意寫這封信給你。

第六十三信 林書
1996年10月20日

　　謝謝你寄到台灣的信。本來打算在台寫回信，因家母赴北就醫。我在台中、台北來回奔走一段時間，沒有靜下來的時候，只好等回加拿大才回信。先要道謝你給家母的慰問信，她確實很高興看到人間還有人惦記她。她的病況大概是食道緊縮，胃口很好，但食物只能嚥下三分之一，其餘都吐出來，在霧峰治療十一個月毫無進步，現已入台大附屬病院，接受專家的治療。一個禮拜來，她的體力恢復不少（由25kg升至28kg）。我於十月十八日回到渥太華，由三弟正生接班。三弟與我都屬於退休人員，可以說是「老人班」看護「老老人」。

　　我要你的墨寶，你卻說膽子沒有那麼大，真是太拘謹了。我不是要書法家的大作，而是要在書齋中添一點讀書人的氣味。「秀麗」不是我要追求的，我要的是「雅拙」，道出「真人」氣味的書法〔照片六〕。所以請你盡情揮灑就是。你說在中學時看過我的作品，最近碰見幾位老同學，他們異口同聲說中學時我的字寫得多麼好，但沒有人捧我「品學兼優」，可見他們的話都是真心。倒是我自己卻忘得一乾二淨。畢業後沒再拿過筆，而且對自己由日式書道培養出來的書體十分厭惡。相反的，對你「成家」的字十分驚嘆。記得有一次家父帶我和敬生去你鄉下別墅，看到你寫的顏體小楷，不但家父極為驚動，我們兩小也覺得有「亂真」的魄力，回家後敬生也奮發一番，

猛練顏體字了。是故，這份拜託必需完成，別再託詞「膽子」，如果不成，那就是屬於不爲而不是不能了。曾經吾兄潤色過的〈日本高中作文比賽的特選作〉，送去《自由時報》竟被退稿。現在再試其他報紙。因經過一番努力才得到《文藝春秋》社的同意（翻譯權）。此文的退稿是相當失望，表示我對台灣現實的認識太不夠了。

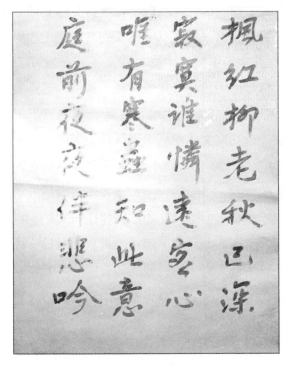

〔照片六〕
陳逸雄的習作。陳夫人提供。

第六十四信 陳書
1996年10月25日

　　你與敬生什麼時候看見我寫的顏體字？我從未學過顏眞卿的字，怎麼會被你們看到？我根本未曾認眞練字，你卻說得很具體，煞有其事。是小學生的時候或是成人的時候看見的？

　　有一件事想請教你。你認爲遂性叔會不會用日文寫文章？比如說他在《南音》用中文寫一篇文章，同樣的文章能不能用日文寫出來？很多人說賴和堅持用中文寫作品，拒絕使用日文。但是我看賴和大概無法用日文寫文學作品。當然他想寫的主題用中文寫較適合，但是如果要他用日文寫，他也寫不出來。我的父親也無法以日文寫文學作品，這是我看了他的日文信之後的感想。我對遂性叔亦有大同小異的看法，不知對不對？他們都是受日文教育的，一般的會話、讀書沒有問題。幼小時候只不過學習幾年漢文，但是漢文的根底遠比日文好。自己的語言與借來的語言竟有如此逕庭。陳茂源，我看是日文比中文好。葉榮鐘好像可用日文寫，這與他的教育經歷、社會經歷（記者）有關。寫到這裏吧。

第六十五信 林書
1996年10月31日

十月廿五日的大函收到了。承問事項太多，只好按件回答。

我這次送家母入院台大醫院，才發覺台灣做事之不易，關關需有人關照才行得通。同時也覺得有個醫生兒子實在很不錯，吾兄就是這樣幸福人也。

我看你練字是成人時代，虛谷先生身體不自由，但仍可以起坐跟朋友聊天之時。你在半紙上揮毫，雖墨色不濃，但一個字一個字寫得很端正，當時我很佩服你的耐心，做事草率如我者，真是望塵莫及。這些字大概是陪尊大人在空餘時寫的。你看，你自己認為乏善可陳，別人卻是歷歷在目啊！

從兄幼岳，葉先生相當看得起他，先父或因是自己的侄兒，對他頗有批評，說他讀書不多，無法昇高詩境。但看他在大陸詩人間的評價相當不錯，不知是「蜀中無大將，廖化當前鋒」呢？或是大陸詩人、台灣詩人都是難兄難弟？

家父會寫日文，給岸田先生之信（一張）請參考。

我翻譯的「大作」，困難重重。先是《自由時報》副刊編輯來信說，因翻譯權問題未解決，他們不便接受。因此，特向《文藝春秋》說情，結果給我同意書。等將同意書附上再投稿《自由時報》時，竟遭退稿。理由是太長（四千多字），而且以他們政治、經濟為主的報紙，此文不十分合適。因此 10 月

中向《台灣新聞報》再投，還沒有消息。❻❽寫文章不易，要被
採用也不易。慘哉文人！我看過楊肇嘉先生和陳新彬先生寫的
明信片，他們的日文都不流利，大出我所預料。日文寫得很好
的有王金海先生、張聘三先生。可惜這些原始文件現在都遺失
了（山莊被小偷光顧二、三次，很多有價值的文件被毀廢
了。）

---

❻❽此文屢投屢退，最後由《中央日報》採用，該報將金城幸的譯文和申
論部分分成兩篇（〈難忘的盛餐〉，〈擺脫「劃一化」，突出「感受
力」〉）登刊（1997.6.19.）。現在全文復載於《一個海外台灣人的
心思》。

第六十六信 陳書
1996年11月6日

　　從今年初到現在，大概寫了近百封信，到年底無疑會超過一百封。這樣我以為很多了，但記得曾在父親信中看到「今年已寫了二百封信，多不多？」的字句，而且這又是他罹病以後的事，好像還不到十月。我本是很懶惰寫信的人，近年來一反過去，勤於寫信，一方面從寫信尋樂趣，但一方面又覺得為寫信花太多時間。昨天住美國的一個外甥來信，還沒寫回信，又有台灣的姐夫寄來先父給丁瑞魚的信件影印，也沒寫信，你的信今天到，馬上寫回信了。我不知道你曾到默園探望先父，你說看過我寫在半紙的字，大概是記憶錯誤，字是寫在雜誌上吧。當時把父親的舊雜誌《改造》、《中央公論》拿來寫字，寫完了幾十本之後，父親說一句「真可惜」，這句話不知何故，忽然引起羞恥、後悔之念交集，惟為時太晚了。家裏沒有半紙、宣紙之類寫字。

　　你說是蜀中無大將，廖化當前鋒，或是大陸詩人、台灣詩人難兄難弟？我看是後者才是。第二次大戰後，外省人進入台灣，有幾方面改變了台灣原來的面貌，一是食，一是書法。戰後這兩方面使我最強烈感覺到大陸文化的優越。從大陸來的各種各色的食品，真使台灣人眼花撩亂。你記得我們小時候的油炙粿和戰後的油條，看頭和味道都相距很多吧？台灣的書法也是比不上大陸的一種文化。戰後台灣街上的招牌所寫的美麗書

法、信封、信紙以及有些外省學生的筆記簿所寫的字,都常常可奪人目。台灣人書法好的人很少,不但比大陸如此,比日本也如此。我記得我小時候到日本,對日本的小學生寫字的水準,心中頗為驚嘆。不過日據時代一流的台灣人書法家寫的字,我感覺比一般大陸書法家並不遜色,遂性叔如此,莊太岳如此,還有一些其他人亦如此。只是寫好字的人太少,一般知識分子的字也不好。你看《文學台灣》每期劈頭的題字便可知,幾乎個個都寫出極難看的字。你說寄了一本《文學台灣》二十期給我,早點告訴我就好了,《文學台灣》我已吩咐台灣的人代購,三天前接到購妥的消息。如果早點知道,這一本就不必買了。我覺得《文學台灣》一本 250 元相當貴,我在台灣買書,大抵亦 250 元可買到,何況打八折,更便宜了。

　　上面說壓倒台灣的大陸文化是「吃」與「寫」,但是忘記寫詩的問題了。台灣的舊詩於日據時期呈現盛況,小小的台灣,參加詩社的,上千人,水準好像也不低。當然,自大陸到台灣的人士,第一流的人不多,但也不盡為三流貨。據家兄逸村說,父親曾表示大陸來台詩人的作品,一般地說,並非望塵莫及的水準。好像大陸來台詩人,從當時台灣詩人看來,沒有預期的厲害,或許是你所說的「難兄難弟」。以上是父親還未罹病時的感想吧。就我所知,他對彭醇士相當推重。

　　我問你的是你認為遂性叔能不能用日文寫論文或文學作品?我父親也用日文寫過信,我就是讀他的信而感覺不能用日文寫出文學作品的。我且就你寄來的遂性叔的一張信說明一

下：……（略）我不是故意吹毛求疵，而是想知道我們的父親輩對日文到底有多少把握。吳濁流、楊逵的日文也不很高明，雖然他們用日文寫作品，但是他們只可寫思想小說，寫抒情小說，大概寫不出什麼好作品。吳濁流 1970 年代在日本出版的幾本小說，是經過出版社修改文章的。賴和是彰化公學校畢業後進讀醫學校，其後亦幾乎不與日本人來往（我想他的生活很少與口人來往），所以我認為他大概無法用日文寫作品。寫文學作品與寫人家讀得懂的信，又是另一回事。

　　埡在正在讀《上海生與死》（Life and Death in Shanghai），是台灣寄來的中文版，因為你說此書比《Wild Swans》更好，所以想讀讀看。但是二、三年前讀的《鴻》，現在已記不清內容了，根本無從比較。你說，如此讀書有什麼意思？不要說二、三年前讀的書，就是剛讀的書，自思所得，連一件也想不出。有時感覺讀與不讀都一樣。其實，信寫得這麼長，讀的人也很累，還是擱筆好。祝快樂。

第六十七信 林書
1996年11月13日

十一月六日的信收到了，謝謝。寫信相當辛苦，但讀信是人生一大快樂，絕不會像你所說：「讀的人也很累」，何況這位作者是東京的 wiseman（賢者），你看一年寫百封信的人，世上有幾個？信不是 X'mas card，是「一來一往」有反應的人才會寫。從這片段消息中，可推測在這個世界上還有十幾個非常「心儀其人（陳逸雄）」的人也。

你的「狀況回憶」很正確，你用的不是街上買的「半紙」，但略帶黃色的古紙，字的大小大概是一吋左右，排列得很整齊，家父當場對滿盈伯說非常驚訝，但毫無恭維的樣子。令尊的「真可惜」應該在這種 context 下去了解才能得其「真言、真意」啊！看來你不但對文學、藝術是個大欣賞家，對吃一道也非常專門的樣子。恨無機會跟你在台北街頭一起吃。跟書一樣，吃也得一起吃，其後的評賞才有意思。從英文版看來，鄭念不但英文好，國學的基礎也相當不錯的樣子，中文版味道如何？很想聽你的感想。我在中央日報看到一位老報人大為推荐，稱此作為「貴族文學」（指其精緻、含蓄而言），與世上的「大眾文學」相對比。

日據時代的台灣人，能用日文寫文學作品的作家，恐怕只有幾位。我看過張文環先生的《地に這ふもの》，覺得是台灣日語，看來頗不舒服。就編在《矢內原忠雄》四個台灣人的日

文而論，張漢裕最好，其次依序為陳茂源、葉榮鐘、蔡培火，文章好壞與年齡成反比。我想語言均如此，中途學來的，無論怎麼好，總帶有雜物，不夠純。關於先父的日文，依我看來也是十分「拙劣」。最不舒服的是「……である」，「……であります」語調不統一。我最近覺得我的日文也有問題，前禮拜，才向一位同學（一中同期）訴苦過。講話有問題還可原諒，寫有問題，實在需要矯正。以我同期朋友來說，出身「小學」者所寫日文，包括這位淳君，都很好，但出身「公學校」者，包括我，常常「テニオハ」（文法）都有問題。人到了退休年齡，醫生常勸做「身體檢查」，我覺得我的日文也應進「人間ドック❻❾」檢查一下。請你將我的同封日文信檢驗一下。我寫日文的機會不多，但跟一般的病一樣，早期發現早期治療還是要緊。須知我附這封信給你，不是要「信」長而作「一鴨三吃」的苦肉計，而是確確實實提供健康 data，請天下名醫之針砭一下。拜託！拜託！

---

❻❾「ドック」是英語 dock（船塢）的日語拼音，意謂檢查修理人體的地方。

第六十八信 陳書
1996年11月18日

　　你的解釋與事實相距太遠了。我的父親說真可惜，是指我把他留存的《改造》、《中央公論》等舊雜誌當做廢紙，作為習字之用，實在太可惜。但是你卻異想天開，為我另闢一條遁路。回想當年的無神經，實夠令自己洩氣。至於今年寫這麼多信，實因為我患肺癌開刀之故。這次動手術，總算過了一次生死關，所以知道的人就會寫信來致意，人家來信慰問，總得回信致謝，回了信，有的人就會再寫信來。另一件事就是我為預防再發，每天要吃八、九種健康食品，有的從加拿大、美國，有的從台灣、從大陸拜託親戚寄來服用。要拜託人家寄東西，可以不寫信嗎？收到東西，可以不寫信嗎？關於這一點，你的推測是不對的了，你想想看，我有什麼學問德行讓那麼多人來心儀呢？信今年寫得特別多，明年以後當會少一點，但是這些健康食品今後需要繼續吃下去，很麻煩。

　　十月的例行診察，我對醫生說照放射線照得很多，自去年底至今，X 光、CT 之類大約照了七、八十張，照得這麼多，對身體不是有害處嗎？主治醫說，當然對身體有害，「我對其他的人是三個月照一次，但是對你每月要照，是因為你的 tumor marker 很高」。他拿我退院以後的四次血液檢查的 tumor marker 給我看，說：「一般的正常值是 5，超過 100，通常是癌細胞已轉移到頭部、腹部等其他部位，無法動手術了，而你

的 tumor marker 竟到 1000，自退院以後一直上昇。」我看
到的數字，第一次 260 多，第二次 270 多，第三次 690 多，第
四次 1711。十一月去，他摸一摸我的頸部，浮現一種難為情
的笑容說：「あなたは再發していますね（看來你是再發
了）。」又照 X 光，又抽血檢查，但看不出異常（tumor
marker 不能立刻檢查出來，我還不知道多少），過去幾個月
來的情況一直如此，使主治醫頭腦混亂。他說診察所見與病態
不一致，又對我說，你覺得身體不錯，叫你做化學治療，你也
不服氣吧。他叫我做 X 光、血液檢查之前，曾問我是不是想做
化學治療？又說你的兒子是內科醫生，一定有意見，跟他商量
看看（這是他診斷我的病已經再發之後說的話）。我檢查的結
果，顯然使他的 tone down 了。他說，在這樣情況下（我自
覺身體不錯），你也不願意做化學治療吧？我點頭稱是（化學
治療的副作用甚痛苦）。最後，不了了之，好像被法官判了死
刑，但是法官想繼續唸理由的時候屎意甚緊，無法忍耐，忽然
宣告：下一次開庭時改判。暫時救回一命。人生就是這樣子。

　　我動手術的是國立癌センター（治癌中心）東病院，在日
本算是最高水準的治癌中心，主治醫是呼吸器科的醫長，應有
相當的水準。他原來根本不相信健康食品之類，認為不值一
提。當他為我的病狀摸不著頭腦的時候，我告訴他我每天服用
很多健康食品。他竟然說：噢，這可能是原因。並把我說的食
品一一記錄下來：靈芝、日日春、綜合維他命、維他命 C、
Flor Essence（美洲印地安的藥草）、Propolis、AHCC、

851、Shark-Cartilage 等等。他說有一個病患像我吃很多健康食品，在X光顯示他的癌已再發，到現在已三年了，但是還健在。我問他，以我的情況來判斷，他認為如何？他說，就一般情形講，已經做過七七了。說罷兩人大笑。不過，從這裏可以推知我的健康什麼時候會發生問題都不知道。醫生說我的病再發了，首先浮現腦海裏的是，這次大概過不了關了。其次想到的就是父親的書來不及編了。第三想到的是兩天前買了那麼多稿紙（5000張）和 file books（裝信用的，包括你的信）是多餘的，白花錢的了。

我從未向你提起吃的事，何以認為我是個 gourmet 呢？我過去對吃全無興趣，連點菜都不會，老來雖然對吃稍增興趣，卻缺少上館子的錢，對吃仍然一竅不通，不知何以讓你認錯了？吃好像是一門很大的學問，文人之中似有不少人對吃很有研究的。邱永漢就是其中的一個。

鄭念的中文本我不滿意，因為譯者對大陸的情形不熟稔，很多特殊語言都變成一般用詞，連毛澤東語錄也用一般語言表達出來，缺少味道。我讀五分之二，內子便接去讀。她卻說譯文甚好，還在讀。

像作者那種布爾喬亞的生活（三個傭人的西方生活方式），能繼續到一九六六年也算是不可思議的事了。僅讀一部分，但是感覺著者頗有強韌的精神。書中描寫的那種看人民如奴才的紅衛兵和監獄人員的專橫，已在別的書中看得很多。

你所說的張漢裕、陳茂源等文章編在什麼書，出版社呢？

令尊的日文我認為還可以，不宜說拙劣。邱永漢取得直木賞的時候，有位評審員對其日文大加讚賞，不過，邱在報紙發表的幾篇文章，我曾感覺不甚高明。他講的日語也帶一點點台灣腔。在我的推想中，賴和大概無法用日文寫作品，但是很多人都說賴和是不想用日文寫作品的。台灣做事，很多都是虛偽的。如同炒地皮一樣，文學也可以炒起來。文學評論家不用自己的眼睛觀察，不用自己的語言講話而頗有一犬吠影萬犬吠聲的傾向，一個人講了一句話，很快就其他的很多人也把那句話當做自己的意見講。日語對我們的父親輩還可以說是借來的語言，但我們已不是借來的語言，其實我們的日語僅學到中學二、三年，所以我們的日語基礎很薄弱。你說陳茂源的日文不如張漢裕，但是陳會訓讀。他的詩集自己訓成日語❼，很不容易，所以我評價他的日語能力非常高。

　　至於你的日文與我相距不遠，我們的不同不在高低，似在嗜好。我不用だべつている，而用しやべつている。……（略）我能提供的意見只不過如此，可知你我的日語大約相同。もとずく，大概是もとづく才對。

⑩陳茂源是台大法律系教授。爲了解他對日文訓讀的工夫，茲將他自作
的舊詩〈春夜宴〉中的四句抄錄如下：
放談大笑那嫌喧
同是天涯窮命客
終年抑鬱徒默默
奈何不歡枉此夕
他自註的日文訓讀是：
放談大笑して那んぞ喧を嫌はん
同じく是天涯窮命の客
終年抑鬱して徒らに默默たり
奈何んぞ歡ぱずして此夕を枉はんや

第六十九信 林書
1996年11月26日

　　每看到你的信，給我的印象是字跡清晰，筆勢流暢，文章幾乎沒有改正，眞是一筆成文〔照片七〕。你的優點都是我的缺點：我父親曾抱怨我寫的字太馬虎，尤其日文，「を」與「と」分不淸，來信東改一字，西加一字，很難念。這幾年來跟你通信，好像改進了不少。我也拚命學你「出口成文」的工夫。這也是「心儀其人」的一個理由。

　　聽你的病況報告，很妙。雖事關自己的生命，但好像在聽東鄰老太太細說平生小故事一般，自由自在，毫無悲情感。我平常很欣賞貫雲石（元）的生死觀，他有一首詩（在國語日報《古今文選》看到的，不是通曉典籍）：

　　　　洞花幽草結良緣，被我瞞他四十年。

　　　　今日不留生死相，海天秋月一般圓。

　　你的人生境界比他更自然、更平淡。能與醫生笑談「七七」的比喻，實在不簡單。既然有個病人吃健康食物而能抵住三年，這種治療法並不能以「不科學」輕視之。我覺得醫學是經驗科學，很多事情不能用理論判斷。像這位醫生的測驗法對 general case 可能很準，但對 special case 即失靈。你應該保持「平常心」，就是說三年也罷，這三年是六十五加三的三年，是人生最圓熟的時候，不要輕視。我建議你拿出 5000 張

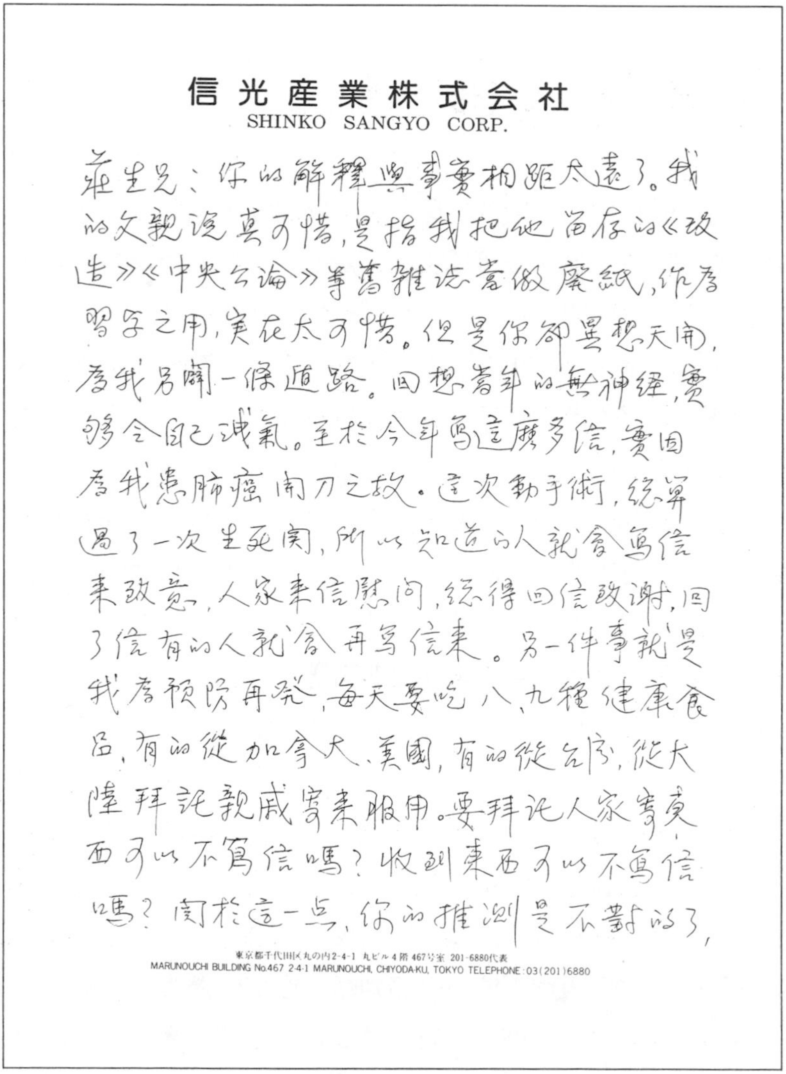

信 光 産 業 株 式 会 社
SHINKO SANGYO CORP.

莊生兄：你的解釋與事實相距太遠了。我的父親說真可惜，是指我把他商存的《改造》《中央公論》等舊雜誌當做廢紙，作為習字之用，實在太可惜。但是你卻異想天開，為我另闢一條進路。回想著年的無神經，實夠令自己洩氣。至於今年寫這麼多信，實因為我患肺癌開刀之故。這次動手術，總算過了一次生死關，所以知道的人就會寫信來致意，人家來信慰問，總得回信致謝，回了信有的人就會再寫信來。另一件事就是我為預防再發，每天要吃八、九種健康食品，有的從加拿大、美國，有的從名古屋、從大陸拜託親戚寄來服用。要拜託人家寄東西可以不寫信嗎？收到東西可以不寫信嗎？關於這一点，你的推測是不對的了，

東京都千代田区丸の内2-4-1 丸ビル4階467号室 201-6880代表
MARUNOUCHI BUILDING No.467 2-4-1 MARUNOUCHI, CHIYODA-KU, TOKYO TELEPHONE：03(201)6880

〔照片七〕　陳逸雄的筆跡，第六十六信的第一頁。

中的第一張細說平生的經過吧。我的建議你一直覺得「沒意思」、「乏善可陳」，但我卻覺得你的人生遍歷中的「感慨」本身就是一部時代歷史。我服膺洪炎秋先生給我的忠告：把自己的經驗（成功的、不成功的）說出來，對後生都有參考。你是個在日本、中國和台灣社會中打過滾，而且那麼直率、與現實不妥協的人，這種人的感想是很值得傾聽的。能寫多少就寫多少。不然，多寫信也好。想想看，你編滿盈伯的詩集是凶他留下好多詩稿，而且有你這位有才氣的兒了才能傳下來。像許文葵先生就沒有那麼幸運。據前輩人說許先生是個很有才氣的詩人，他做詩很快且多，但都沒有留下來。膾炙人口的一首（詠始政紀念日），我得施維堯先生的協助而抄下二句，但與原作是否相同也有疑問。

平劇中有一齣叫「三猜」，我想我又「猜錯了」很多事。在信中你說光復後台灣進步的是「字」與「菜」。因為你是「字」的行家，而你把「字」與「菜」併提，所以我就亂猜你也是「吃」的專家了。

鄭念的書（英文本）我多乙本（兒子的），郵寄給你做參考。我喜歡的一段，是她要請前任英國大使來她家看她收藏的古董，而與地方警察「老李」交涉的經過。大使來臨當晚，全街肅靜無比，原因是臨時戒嚴（但她沒向大使解釋）。還有最後她坐 Pan American 一等客艙與空中小姐的對談，極富幽默感（第一流的 taste）。

你我相差一期，但日文程度的差距相當大。有一次我接到

連萬發兄**⓫**的日文信,大受驚動。後來想一想,你們那一期多少還有點古典文學的教養,而我們這一期尚未進入「祇園精舍の鐘の聲」**⓬**,就被動員了。無論日文、中文或英文,沒有古典文學的教養是不行的——這是我的看法,但很少人同意。

你的墨寶在兩信中都沒提,真是「王顧左右而言他」。莊遂性與他的兒子是兩個獨立人格,他要的字與我要的字不一定一樣。我是要陳逸雄的字的風格和他選的句子(好奇)。如果「半紙」太大,「半紙」的一半也可以。

《陳滿盈作品集》是你用生命的代價編輯的勞作,很希望它能早日付梓。反正你的註、編工作都已完成,只待出版而已。我也覺得應在你健康還沒問題時出版最好,因為最後排版總要有人校閱,而這校閱者最好是編者本人——尤其是詩集,因其中所用的字眼並非普通排版工人所認得出的。此事我也感到相當焦急。各縣市文獻會(或文化中心)都求不得有人提供資料,但有真正好資料來到門前,卻躊躇不前,真是奇怪的台灣社會。

⓫ 連萬發,台大外文系畢業,與逸雄台中一中同期。擔任過美國新聞處台中分處副主任。
⓬ 日本《平家物語》中開頭一句。

㊚㊆㊉信林書
1996年12月7日

　　通常我是接了大函後才提筆，因你給了話頭，我的話箱才能打開，有點像車子的發動機──把油門打開，用電池發火。這次反常是因上禮拜的信（十一月廿六日）中還「言有未盡」，補充一下：

　　(1)許文葵先生的名句，我當時找不出來，現在找到了。抄寫給你（只有二句）看：池水不波魚不躍，海南今日是清平。

　　(2)《矢內原忠雄──信仰、學問、生涯──》，是南原繁、大內兵衛、黑崎幸吉・櫻井克己、人塚久雄所編，由岩波書店出版，昭和四十八年（1973）八月第一刷發行，定價一千元。（我的是第3刷。）其中四個台灣人發表的文章是：

蔡培火：神の忠僕矢內原忠雄先生を憶ふ　　　（頁92）
葉榮鐘：矢內原先生と台灣　　　　　　　　　（頁99）
陳茂源：大森の家庭集會の頃　　　　　　　　（頁108）
張漢裕：《帝國主義下の台灣》刊行にちなんで　（頁114）
張漢裕：我が師をしのぶ　　　　　　　　　　（頁158）

　　以上資料是在「打破砂鍋問到底」的精神感照下抄寫的。哪篇你需要，我可影印給你。由來信知你很少上公共圖書館借書。看日本雜誌常發現「私の書齋」之類的照片。看到那些作

家、名人擁有大量的書，眞羨慕之至。反觀北美人士（特別非文科者），連敎授們都鮮有藏書的習慣。到底他們是消費社會，把看書和看報做同樣處理。我很不習慣這種風氣，你我大概都是屬於舊時代的人，非自己擁有不可。尤其我有劃線的習慣，更非擁有不可。不過，你比我更進一步——即時註「評語」，而這些評語都是非常銳利，眞有一針見血之感。

(3)我送一篇上次請你檢查日文信的對方賴淳彥兄的文章給你。據說是寄給日本同學會的作品。嘉義中學與台中一中不同，全班 140 學生中，台灣人只有 40 幾人，所以他們的同學會日人、台人較 integrated，不像一中淸一色。我送這篇文章不是要你檢查，而是想提醒你「沒有意思」的閒談，也能做出「有意思」的文章來。

陳書
1996年12月9日

　　我一邊看你的信一邊笑，內子就說：誇獎你，讓你高興的吧。我點點頭，內人再說：你真是個吃褒豬。

　　我自去年底住院以來，對自己的病狀總能保持冷靜客觀，第一個病院知道我的肺有腫癌之後，打電話到我家，到兒子服務的病院都找不到人，醫生就在當天對我說：你是想法很闊達的人，所以告訴你吧，你有腫瘤。他在說明的時候，我好像聽別人的病況一樣，完全沒有動搖，沒有什麼感慨。在治癌中心開刀，要退院的時候，內子在主治醫面前說：「氣を落とさないで頑張りましよう（不要恢心，頂住吧）。」我說：「僕は全然落ちこんでいないよ（我完全沒有泄氣）。」主治醫從旁說：「確かにそうですね陳さんは始めから全く落ちこまなかつたですね（確實如此，陳先生從頭就沒泄氣）。」到了十一月十二日，主治醫對我說：「再發していますね，入院して化學治療を受けますか？（是已再發了，要不要入院做化學治療？）」這時候首先浮現腦裏的是，這一次大概逃不了了。其次想起的是，父親那兩本書來不及編了。除了這兩件事以外，沒有想起其他的事。過了幾天，內子問我當醫生說你的病再發了，你想到什麼事，我也老老實實這樣告訴她。今後會怎麼樣，我不敢說，只希望不要臨死太慌亂動搖，死一定會來的。「拿出五千張中的第一張」是什麼意思？我看不懂呢。我的經

歷不足言，又是才拙，honest 也沒有多少用處。我寫自傳式
文章，自覺沒有意思，不感興趣，很多該寫的人不寫，不該寫
的人才寫，不可踏此覆轍。我不是寫自傳的材料。自從前年到
現在都沒有做事，把你所說的最寶貴的時間白白浪費掉，徒焦
急，一事無成，太可惜了。退院到現在的時間也完全浪費掉，
吃這個健康食品、吃那個健康食品，散散步、洗洗澡、吃飯、
寫信，好像就沒有其他時間。大概是生活的技巧有問題。找不
出工作的時間。你提起我父親的詩集是我出力甚多的結果，這
倒是事實。我父親生前，幼岳先生編輯出版的《虛谷詩集》收
錄的舊詩四三八首，我編集的《陳虛谷選集》收錄的舊詩五七
二首，我重新發掘了一三四首，這次我編輯中的《陳虛谷作品
集》❼收錄的父親舊詩超過六百首。這都是我多年來這裏挖那
裏挖的成果，新詩也找出不少，小說、雜文均由我找出來的。
可以說，自從《陳虛谷選集》出版十一年來，我對蒐集有關父
親的資料耿耿於懷，鍥而不捨。莊生兄，我一生悠然度日，一
無所成，但對父親的作品集是頗認眞的。兩個月前也去東京抄
錄 micro-film（新民報）的父親詩十餘首及數首朋友給他的
詩。Micro-film 是台灣大學攝製的，僅有一年份，否則當更
豐收。

　　鄭念的書收到了，多謝。我僅讀第一頁第二頁的讚揚文
章。她寫的文章僅讀一行 The past is forever with me and I
remember it all.（過去永遠跟著我，而我都記得。）我很佩
服敢說這種話的人，因爲近年來我的記憶力很貧乏，往事記得

不多了。現在沒有時間讀，慢慢來吧。

　　連萬發自離開台中一中以後，未再見面，好像是師大英文系畢業，現在教英文？因與他沒有交情，未曾見過他的文章，日本文寫得那麼好嗎？要說日文好或是中文好，當然沒有古典的教養是談不上的。我怎麼敢寫字給你？寫一千次也寫不出一張可以給你的字。假使可以寫出，也不過是偶然寫出來的，不是我的實力，完全沒有價值。日本人常用的寫字的紙板叫做「色紙」（シキシ）。這個問題休談吧，我不敢寫。

PS.1　你看這樣的字，像什麼字。竟要我的字，真好笑。
PS.2　（信封後面）五千張中的第一張，終於猜出意思了。連
　　　　買稿紙都告訴你嗎？真無聊。給你的信寫什麼，自己都
　　　　忘了。

---

❼❸此書終由彰化縣立文化中心出版（1997）。編者親自校正三次後安祥地逝世。

第七十二信 陳書
1996年12月14日

　　我大概沒有說「日譯」很簡單。我的意思是說，我翻譯一本書，通常是三個月就夠了。因爲我翻譯的書都不是浩瀚的書，所以沒有超過三個半月的。如果一字一句認眞計較，當然需要更多時間，所以也可以說我的翻譯是相當大意粗糙的。我的譯書除了《台灣抗日小說選》沒有取得版權（因爲台灣出版界盛行盜印，日本的出版界也不尊重台灣的版權）外，其餘都是由我寫信與著者聯絡，得其允諾的。柏楊的《醜陋的中國人》，我翻譯交稿給一家出版社（德間書店），讀稿的人說內容沒有出版價值，我還找出版社的時候，便有人翻譯出版了。我有一個姐夫與柏楊同住一個大廈，在電梯內向他說我要翻譯他的書（大概他們平常沒有交情），柏楊同意了，後來別人打電話給他，與他正式契約，這些事我都不知道。還有一次，我翻譯方勵之的書，光文社讀稿後想出版，專程赴北京找方勵之，方勵之說已經答應給人家了。這兩本書銷量都不錯。方勵之跑進美國大使館之前的事也。劉賓雁及其他人，也是我自己寫信交涉的。所以搞翻譯，我的方法很麻煩，這種事應讓出版社做。翻譯的代價是出版書的 6～8%，原作者的報酬是 4～6%。譯書的定價如果 2000 圓，6% 是 120 圓，如果出版 4000本，譯者的代價是 48 萬圓，由出版社扣除一成的稅金，譯者所得爲 43 萬 2 千圓。我譯的書不只如此，只是不見天日。

　　我翻譯的毛澤東，後來又有一家出版社願意出版，只是希望我修正我寫的「解說」，因爲我的解說對毛頗多批判，與原作者所寫的毛有相當出入。出版社說要出版五千册（第一家出版社的出版册數爲三千册，因中共政策收緊，著者叫我暫停，因而告吹），但是我不同意，終於沒有出版。我認爲將三個月的努力付諸流水，也沒有什麼了不起。翻譯，我不想做了，如果我再從事翻譯，那就只有一本《台灣抗日詩選》，除此以外不曾再做翻譯了。

　　我十二月十日去檢查（其實沒有檢查，只講幾句話，用聽診器聽診胸前背後而已）。主治醫一見面便問，「令郎有什麼意見？」十一月他勸我住院接受化學治療之後，要我與兒子商量，因爲我的兒子也是內科醫，必有意見。我在電話問兒子，他一句話都沒有。其實也難怪他沒有意見，不同住一家，平時沒有接觸，怎麼可以亂講？我說兒子連一句話都沒有。主治醫說，大概他認爲你的情況很好的緣故吧。又說，除了tumor-marker以外，血液沒有問題。我問仍然很高嗎？他說不但高，而且更高了。我問多少，他說2700，比上一次增加一千。他好像在考慮如何處置，好像要陷入沈思，於是關於病況處理，我頭一次主導交談說：「ほつときませうよ（不管他罷）。」他也回答說：「そうですね，暫く樣子を見ましようか（好罷，暫時看看罷）。」如果我沒有插話，也許他會說：「やつぱり入院して化學治療しなさいよ（還是入院作化學治療罷）。」化學治療相當痛苦，我住院中看過同室接受化學治

療的病患。我問醫生：「化學治療を受けても根治するわけではないでしよう？（化學治療也不會根治罷？）」他說：「根治するわけではありません（不能根治）。」僅可拖些時間，那何必？

PS. 我明天滿六十七歲了。眞是無用長物。白費人生。

第七十三信 林書
1996年12月28日

　　十二月九日、十四日兩信均收到了。遲遲沒有回信，是因正趕著編集、打字你我五、六年來的信（1991～1996），你有三十二封，我有四十一封，共計七十三封。全部要用電腦打出來。你如問我要幹什麼？老實說我也不知道，打出來再說，這是目前的目標。

　　我先把打好的頭十幾封信寄給你看。當然「留真」是主要的精神。插進一些詳細的註解，使第三者也會了解我們信中的話。也除去本題無關的東西，例如地址、電話、改錯等等。請你仔細看一遍，錯字、增加註解、應該去除的地方指出再商量，書題也想一想。（《學士暮年》、《人生路上的會合》、《訴談心思閒情》……）

　　二、三天前當地報紙報導 Time 今年的「Man of the year」是在台灣出生的 Dr. Ho。據說他的 drug cocktail 對 aids 生效。我想你的健康食物大概也是此類的 cocktail 罷。我沒有醫學知識，但覺得化學治療是不值得，因為這種處理方法固然可以殺癌細胞，但也同時破壞身體的抵抗力。Time 此次傾其社譽選 Dr. Ho 是相當勇敢的決策，因 Dr. Ho 的理論構成還不十分完整，而 paper 還未發表，只憑臨床實驗的成果。所以不要輕視你的健康食物。陳太太說得對，「頑張りましよう！」（繼續頂住罷！）戰爭末期，日本人提倡：「ほし

がりません，勝つまでは！（不想要！──直到勝利爲止）」
我們現在也需要堅持：「頑張りませう，出版するまでは！
（繼續頂住！──直到出版爲止）。」

對賴文的評價很難爭辯，因原作太淡了。現代繪畫中一派
叫 minimum arts。常用白色或黑色的顏料塗一面的畫布，像
一張大黑板，或白色牆面。這派的目的是要在「有」與「無」
之間（threshold），創出一種幻想的 dimension。賴文幾近
這種意境。文中的三、四個早期台灣移民（出生在 1912～
1928 年之間）都是走過波瀾萬丈的人生，但他們都仍保持寧
靜、平淡而寡慾的心靈，我覺得很使人憐惜。此文是對這群
lost generation（失落的一代）的素描，淡而清純的意境，賴
文是點出來了。

你給我的兩大題目：序文和李獻璋，無時不在我的腦海
裏。我覺得序文可以不要，但要有一篇詳細的「前言」說明編
輯的經過。舊版的序文可以編入附錄，我的〈陳滿盈先生〉可
以當附錄中的候選作品。對李文的反論，不能只用事實反証，
一定要從深一層的地方進入（道德評價、歷史評價的態度問
題）才有說服力❼。〔補述五〕

---

❼逸雄在世時，我一直無法解答這個問題。現在用補述的方式試論之。
〔補述五〕請參照第二章〈林獻堂的歷史評價問題〉。

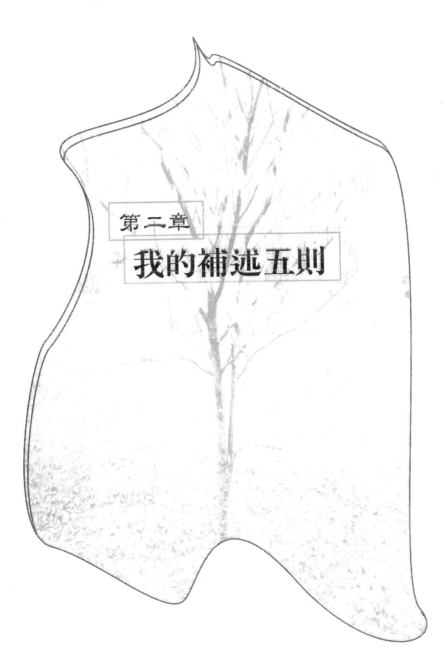

第二章

我的補述五則

1. 與李獻璋先生的兩次會晤
和其他——（第 7 信〔補述一〕）

　　李獻璋先生是我少年時代極憧憬的人物〔照片八〕。理由
很簡單，在父親的書櫃中，台灣人寫的書只有聊聊幾本（例
如，蔡培火的《東亞の子かく思ふ》、陳逢源的《新生支那の
素描》等──均是日文），而其中乙本就是李先生編的《台灣
民間文學集》（1936）。我當時受日本教育，看不懂中文，無
法探知書的內容，因此問父親：「李先生是個了不起的文學家
嗎？」父親的回答意外的平淡，只說這是「文集」。我覺得一
群父親的來客中只有李先生有著書，不可能不偉大，父親不推
重他可能是他太年輕的緣故。後來李先生去日本，一直居留在
彼邦。大約是五十年代，在報上看到一群留日學人回國講學的
消息，李先生是其中之一位。第二天我去旅館（軍人之友社）
找他，雖然十幾年沒見面，但他還記得我，他很高興我去找
他。於是，我就求學、做事各方面的問題請教他，他親切地一
一解答，十分表現前輩對後輩的愛護。談話中他常以父親為例
訓誡我。他說父親是個人格者，但對人生太消極，無大志，安
居於台中一地，遂成井底蛙。勸我千萬不要步趨他的覆轍。我
覺得李先生所言甚是，像父親那種「清貧思想」實在要不得。

〔照片八〕我少年時代的李獻璋先生。一九三七年攝於台中中洲俱樂部。
第一排（坐者）由左：陳德旺、楊三郎、李梅樹、陳澄波、李石樵、
洪瑞麟。第二排由左：不詳、不詳、楊逵、田中保雄（台灣新聞社編

輯）、李獻璋、林文騰、張星建。第三排由左：陳紹馨、莊銘璫、巫
永福、張深切、葉陶、不詳、莊垂勝、吳天賞。（筆者收藏。本照片中
之人名，很多承巫永福先生之指點與鑑定，特此致謝。）

二千多年前孔子說過：「狂者進取，狷者有所不為。」但現在時代不同了，「有所不為」實屬自我安慰的落伍思想，應像李先生那樣有積極進取的精神才行。同年年底或第二年，報上又登刊他回國慶祝國慶的消息，我又去拜訪他。這次大概團員較多，住在一個大旅館，他出來櫃台接我。因有人在提醒團員幾點鐘集合，要赴某機關之歡宴。我看他很忙，致敬後即想告辭，他說還有時間，即帶我去他房間。這次面談時間較短，但他鼓勵後輩的熱情有增無減。經這兩次面談，更加強了我少年時代以來對他的敬仰之心。我覺得李先生和藹可親、有長者之風，而他那種特立獨往的創業精神正是我需要的。「狂者進取！」我決心將來要走「李獻璋路線」。於是，不久我也離開台灣了。

　　從這兩次會晤之後，我再也沒見過他。隨著時間的遷移，我對他的記憶也差不多消失了。但一九九二年《懷樹》出版後，突然想起他來，因為現在還健在而跟書中大部分人物有接觸過的，除了台灣的施維堯先生和從兄莊銘瑄先生外，還有一位在日本的李先生。於是託逸雄打聽他的地址（第七信），知道後我就寫一封信表達多年來思慕之情。他沒有回信，但送來一包他的論文（都是日文）。其中主要有三篇：《日本帝國主義下の台灣社會運動における林獻堂（上、下）》、《媽祖信仰の研究》，還有，名為「小溪散人」的〈台灣人よ大きくなれ〉（台灣人須長大）的論文。第一篇是已在第一章中屢次提起的他的「林獻堂論」。第二篇是以他博士論文為主體的大

作，大概是全書的分量浩瀚，只寄給我影印的序文與目次（註明書價為一萬二千日幣，約為美金 $120）。第三篇雖用筆名，但無疑是出於他的手筆，因給我的影印中親自修正三、四處。在這三篇中，第一篇另要專題（補述五）討論外，第三篇給我印象特別深。因在文中，他用很辛辣的口氣批評台灣人：格局太小、媚日輕中、集中日兩民族的缺點等等。他批評的對象是當時 35～50 歲這一代。從論文的發表年（1963）來推算，應是一九一〇年代出生的台灣人。我曾從市面上所看到台灣人的回憶錄中，按照著者的生年並以十年為一期，統計著者人數❶，發現第一期（1900～1909）的著者最多，第三期（1920～1929）次之，第二期（1910～1919）最少。我的結論是：

> 上面所列舉的著作雖不包括所有出版的書，但從中可看到一個趨勢——即這些見証人中，第二期的著作特別少，第一期最多，第三期次之。這三期的人，都出生在日本統治下，受過日本教育，但為何產生的著作數量如此懸殊呢？概括地說，這跟他們所處的時代背景有很大的關係。第一期的人因出生於改隸日本之後不久，受台灣傳統文化的影響相當深，所以還存有一點漢文底子。憑這一點文化遺產，他們戰後較易融合於中文的社會。第二、三期的人因出生較晚，大多沒有漢文基礎，故以日文、日語為思想、表達的工具。還有，他們從小受 Sparta 式的日本教育，處事待人各方面與中國式（紅包、人情）的社會格格不

入，所以在解嚴以前，他們可以說是台灣社會失落的一代。這二期當中，第二期尤爲可憐，因爲他們所受的教育都在戰前，戰爭中被迫上戰場，戰後匆匆忙忙地投入於社會，再也沒有在學校進修的機會。第三期的人較幸福一點，因爲他們都在戰後完成了他們最高階段的學校教育，雖在戒嚴體制下，思想與行動多受控制，但在整個世界新潮流之激盪下，他們內在的思想發展也就更廣闊而有力了。

按照這個分類法，李先生應屬第二期（我是第四期），看來他這篇文章是針對跟他同年代的台灣人而發。我對他的看法雖有很多不敢苟同之處，但也不至於生氣的程度，因爲在北美三、四十年的人，對衆說紛紜、莫衷一是的環境已很習慣。相反的，我覺得八十多歲的人還能寫這樣尖銳的批評文章，很欽佩。於是，寫了一封信（原文日文）給他：

獻璋先生：

昨天接到……等三篇大作，一口氣把它拜讀了。我過去對先生只有間接的印象，但通過這三篇文章，好像對先生的學問、思想有更深一層的認識。最高興的是知道先生很健康，而在學問上還繼續研究。如果是普通的人，現在已退休而過著「樂隱居」（日語：老大爺）的生活了。但先生不同，其銳利的筆鋒和分析力，使人感到著者是個壯年人，實在很佩服。

我最近由自立晚報以《懷樹又懷人——我的父親莊垂勝，

他的朋友，及那個時代》出版一本書。因郵便的關係，還沒有收到，接到後我會送一本給先生。我因屬於不同世代，而生活環境又是在北美，觀點的相異是不可免，深盼先生批評指教。

莊生 上 1992.7.7.

對此信，他終於回答了。其內容在第十四信已提及，主要是告訴我他與先父絕交的理由。因在台灣第一次見面時，早已知道他對先父的評價，所以聽到他的絕交報告，我並沒有驚愕。只是此信中的三段記述，使我對他的敬仰之心大打折扣。他一開口就說他送給我的論文只是留在身邊的一部分，他的論文涉及的範圍既廣且多，惜不能一一寄上。第二、他說明得博士學位後回台受辱的經過那一段特別註明：「我的是舊制的博士，與美國大學所授與者不同」❷。第三、談起後來與他絕交的葉榮鐘先生時，他這麼說：「與葉氏的交誼中，他常常佩服我，但是……」（據我所知，在絕交之前，葉氏是他最看得起的人，如果說有「佩服」之處，那應是互相，絕非單行道。）從這些口氣中，我發覺他無時不在防禦自己，深怕別人低估了他。這封信使我想起他與洪炎秋先生一段不愉快的往事。一九五七年，洪先生利用台大的休假年，經香港、日本、去美國研究考察。回來後發表《雲遊雜記》（中央書局，1959，262頁）〔照片九〕。其中有一段（頁4）（1957.10.21.）說：

二十日午前九時由啟德機場起飛，下午六時半到達東京的羽田機場，有李獻璋、楊永裕、吳柏堂、柯王岳諸先生，

　　和北平教過的學生烏鐸帶著他的日本太太來接，就在李獻
璋先生家裏住下。李先生在這裏專攻民俗學，造詣頗深，
又經營了一個泰山書局，來做溝通中日文化的橋樑。他自
己的藏書，也極豐富，跟日本文化界的人士，很有往來，
託他在文化、教育方面辦一點事，十分方便，所以我私自
送了他一個「私設文化專員」的頭銜。

〔照片九〕　洪炎秋的《雲遊雜記》和李獻璋主編的《華僑生活》。

　　　聽說這段話引起李氏極大的憤慨，因爲洪先生把他看成
「文化專員」，而對他的成就僅僅給與「造詣頗深」的程度，
這對自視甚高的李氏來說等於一種侮辱。（如果洪先生用「文
化大使」、「斯學之日本權威」，我想就不會有問題。）雖然
明眼人一看就知道這是洪先生想抬舉李氏的話，是出自一片好

意。結果，因抬舉得不夠高反而大傷對方的自尊心。我想此事
只有兩種解釋：一是、洪先生是吳下阿蒙不識泰山。二是、李
氏的自我估價與一般社會評價的差距太大，無法調和。

逸雄應我的請求，送來三篇他後來與李氏衝突，登在《暖
流》（東京大學中國同學會會報）的文章（創刊號 1961，3 號
1963，5 號 1964）。此外，還有六本李氏主編的《華僑生
活》。先就這三篇文章來說：第一篇〈親分・子分——日本式
人際關係的一考察〉（原題日文）和第二篇〈批評與論難〉都
是一般論與李氏無關，但卻是構成批評李氏（第三篇）的理論
基礎。我覺得這兩篇是很傑出的論文（essay），這是逸雄在
精力和學力最盛旺時期（大概是 30～31 歲）的作品。如果沒
有他們之間的爭論，我很可能永遠不會注意到此傑作。在第一
篇，逸雄認為「親分・子分」（略同中文幫會中幫主與其傘化
的徒弟）關係乃是日本人際關係的特色。做「親分」的人以愛
顧與庇護來施恩，而做「子分」的人乃以忠誠與獻身來奉仕報
答。聯繫兩者之間的道德原則為義理。這種制度化的人際關
係，使「子分」放棄一切自我判斷與責任感，事事仰賴「親
分」的判斷為依據。這樣的社會習慣很容易導至個人人格的喪
失與否定，進而阻礙民主主義的發展。在第二篇，逸雄討論什
麼是構成好的批評的條件，同時分析批評者會走上獨斷的原
因：他認為第一、缺乏科學的思考，第二、自大。前者是技術
上（或學術上）的問題，後者是做人的問題。他說後者所引起
的獨斷，大都是由於批評者把自己看成是個不可侵犯的權威所

致。他又說：「在這群人中，『誇大妄想』之徒特別多，這種因缺乏謙虛之心而引起的獨斷，比由思考之不足而引起的獨斷更危險、更難處理。」我自己也常常批評別人的書或論文，因此，看到這段文字時，猛然一醒，忘了這是李陳爭論的兩篇，而進入一場嚴肅的「自我檢討」了。我覺得逸雄厲害之處不在文章，而在他思索與觀察之銳利，可供第三者參考之處不少這一點。

我所收到的六本《華僑生活》（日文為主，中文為副）是1962至1964年間發行的，標榜為促進在日華僑的生活文化。主編是李氏自己，發行人是楊玲秋（大概是李太太）。總體的說，與戰前金關丈夫在台灣發行的《民俗台灣》很相似。辦得相當認真，而水準也不差，只是外面的投稿太少，幾乎李氏一個人唱獨腳戲，既當編輯，又當社論委員又當採訪記者，有時也發表自己的民俗、台語方面的專題論文。從文章的內容來推測，此雜誌很難引起華僑的興趣（學術性太濃），但因為如此，頗能引起一些日本學界人士的注意──這可從讀者來信看得出來，其中有著名的學者如中村孝志、金關丈夫等。《華僑生活》到底繼續幾年，不得而知，但憑我所得舊雜誌來推算，至少有四年。李氏聲言此雜誌不依賴人家的財政支持。不過，只靠廣告及小額的捐款而能維持四、五年，不能不說是個奇蹟。茲從此六本雜誌選出幾段文章做參考：

◎〈歸國受款待〉（1962. 第3號）（原文日文），報導東京僑會的雙十節慶祝團在台受歡迎的情況。最後一段說：

我們一行在感激中七日離開台灣。只是我們在日本都有安定的生活，對回國都有充分的準備。因此，物質上的接待如能轉用於救濟國內生活艱苦的同胞，更是我們所希望的。（簽名C）

◎ 同號的〈文化短信〉（原文日文）中說：

李獻璋博士去年三月三日回國講學。三月十五日開始在省文獻會講演「史料的處理」，十六、十八兩日在台大歷史系講「干直行蹟考」，十六日下午在師大講「從媽祖的封賜看明廷的對外宣諭」，二十日在台大歷史學系主持的學術講演講「嘉靖年間浙海的私商──兼論葡萄牙人之寧波根據地」，又廿一日在東海大學講「元明地方志所見媽祖傳說之演變」。……四月二日去香港，在新亞書院講「日本的民族性及其形成過程」。……

◎〈在日本的 Golfer──亞洲的先達陳清水、陳清波兩氏〉（1963.1 號）（原文日文）

作者林益謙是林呈祿的哲嗣，在日據時代做到總督府理財課長的地位。據他描寫，戰前在日本打高爾夫球的人都屬特權階級。一九四〇年春，有一天辜振甫請他去東京近郊朝霞球場打球，同伴是河原田某（前大臣）和前台灣總督之子，明石男爵。在日本高爾夫球界有名的台灣人，戰前是陳清水、戰後是陳清波。兩人都是淡水出身但不是兄弟。跟謝國權的《性生活の智慧》一樣，陳清波的《近代のGolf》也成為日

本的最暢銷書。

◎ 一九六四年夏季號登載李氏的〈在台灣社會運動中之林獻堂〉，副題是〈2.背叛行為與八駿事件〉（原文日文）。從此文可知他在一九六四年代就發表一系列批判林氏的文章。因此，他在一九九〇年發表在《問題與研究》的林獻堂論，可說是過去同系列論文的總集而非新作。

◎ 同號雜誌上，以〈告訴中傷本誌的兩個研究生〉為題（原文日文），報導：「東京大學中國同學會會刊《暖流》所登載的中國文學研究生陳逸雄的〈親分・子分〉被本誌所批評。同時，在《暖流》（2號）所轉載的國際關係研究生陳鼎正的〈日本博士論〉，受本刊的反駁後，陳逸雄於《暖流》第3、第5號、陳鼎正在《暖流》第3號和《政治評論》10卷第3期發表的文章，被本刊提出訴訟。」

　　李氏早期台灣民間文學的收集和媽祖之研究，均是開發基層文化這方面的勞作，而他是這個時代的拓荒者。在周圍的輕視與嘲笑下，展開他自己的理想（vision），其堅毅的學術精神很值得讚賞。我雖沒有這方面的學識，但就其目次及其他零碎論文觀之，他的媽祖研究並非僅僅文獻資料的收集。民俗學在他的時代裏，非但不是顯學，在方法上也缺少明顯的條理。在這種狀況下，他踏出第一步（至少在台灣如此），其功確實不可滅。日本國學院授給他文學博士學位，我覺得很適當。

　　他的問題是他一生都靠自學，雖有名師指導，但不在大學

或學術機構做事❸，因此，對學術的視野未免太狹窄，對自己學問的估計不夠客觀。至於他的為人，我覺得也有不少可敬之處：例如他完成他逝世朋友郭明昆的著作（友情），上梓後把書送給資助郭氏學業的新宿中村屋的老闆家屬，並到相馬愛藏夫婦之墓致敬（《華僑生活》中的記事）。頭一次回台時，他也去林幼春墓前致敬。這是由虛谷的詩〈獻璋歸自日本謁老秋師墓順道過訪喜而有作〉得知：

> 十八年前在日京　　君方少壯氣縱橫
> 舉杯慷慨談天下　　看劍咨嗟嘆世情
> 聞說著書傳後學　　還有謁墓禮先生
> 滔滔雄辯今猶昔　　變淨跨近老成

此詩如果李氏看到，一定很不高興。不過，從這些小地方可以窺見他是非常重恩義的人，我覺得他的行事風格跟逸雄所論的日本式人際關係有很多相似之處。因此，他希望他的「子分」（後輩）也像他這樣「有情有義」。可是他的後輩偏偏不買這套，所以在他眼裏，這群人都是不情不義之徒，使他大為憤慨。問題是他不了解新一代的人，把公理的「是非」看得比私情的「恩義」更重要。現在從事學術研究者，大多是梁啟超式的「吾愛吾師，但更愛真理」的信徒。詢情循理之事對他們來說是做不到。不了解這一點而單責備他們的忘恩負義是一種落伍的觀念。他給我的信中說他常常受台灣同胞的誤會與中傷。我覺得評論台灣人的缺點不但需要，如果內容含有新見解的話，更是求之不得。問題是什麼時候，用什麼話，說給誰聽？

當全部台灣人民在戒嚴政治下，過著「捫心問蒼天」❹時，住在海外的他不但不敢吐露一點良心話，反而送秋波做台日航線上的貴賓。從這種事實來推測，誤解是難免的。用逸雄在第三章〔附錄一〕批評皇民文學的話來說，我覺得：「李先生，你對權力者抵抗的姿勢太柔弱了！——但你對被壓迫者的態度卻太強勢。」

---

❶請參照《一個海外台灣人的心思》中〈口述回憶錄之提倡與台中一中〉乙文。該文所列舉這三期的著者是：

第一期：葉榮鐘（1900）、吳濁流（1900）、張深切（1903）、朱昭陽（1903）、楊逵（1905）、吳新榮（1907）、蘇新（1907）、陳逸松（1907）、王詩琅（1908）、黃武東（1909）

第二期：鍾謙順（1914）、吳平城（1914）

第三期：張德水（1920）、鍾逸人（1921）、彭明敏（1923）、王育德（1924）、邱永漢（1925）、葉石濤（1925）、柯旗化（1929）

❷此段話大概是說他的博士學位，是正式提出論文經大學審查通過的學位，不是美國大學的榮譽博士之類。

❸自學而達到很高的學術成就者，有中央研究院的曹永和（1920－）院士。他成功的一個重要因素是他一直在台大的圖書館做事。（請參照曹銘宗著《自學典範：台灣史研究先驅曹永和》，聯經，1999）

❹雷震事件時，雷太太宋英女士發表的一篇文章中的題目。

2. 民主主義下的國家觀

　　——（第15信〔補述二〕）

　　徐復觀先生一九八〇年在台大醫院割除一部分胃後，第二年來休士頓復驗。我乘機去看他並請教他廣泛的問題，足足談了兩天半。他後來把這次談話內容發表在香港的報紙（請參照第廿三信，即〈精神參與者之聲〉這一篇），其中一段說：

　　他（指我）又提出：日本（應是東京）大地震時代，許多
　　房子都倒塌了，只有由美國人設計的帝國大飯店無恙。事
　　後有人問原設計人，原設計人說，因為東京的地層不堅
　　固，所以在設計時，採用了可以經得起擺動的「船的觀
　　念」。不知道這種說法的來源可靠不可靠？但為什麼不可
　　以把「船的觀念」，應用到大陸與台灣的關係之上呢？我
　　認為這是一種很新的構想，但也不能作任何解答。

　　這段話可能是徐先生在那次訪問中所得最大的印象。他當場就要我把這個例子的資料寄給他，並說：「前幾天幾個學工程的人（大概是他公子的朋友）來這裏，也提出他們工程方面類似的觀點，不過，你說的美國建築家的例子更好。」第二天我去他家時，他又提起這件事，第三天要離開時，又吩咐我別忘了把資料寄給他。他之所以對這個例子如此感興趣，主要是

因他正在摸索大陸與台灣的關係。如果上天能給他多幾年的生命，我相信徐先生對此一定有所貢獻。可惜他於一九八二年四月就逝世了。後來，我寫《懷樹》（第十二章〈徐復觀先生〉）時，把這個例子整理發表（頁217）如下：

第二件事是談台灣問題時，徐先生認爲台灣人需要爭取民主，但不需要獨立。我說，我贊成徐先生民主第一的說法，民主化確實是當前急務。民主化以後再談其他問題不遲，到時可能不必求解答而自然有歸宿，也說不定。我又說現在的人的國家觀，與第二次大戰前非常不同。以前是生在那裏，便成爲那裏的國民。國與人民之間，關係是固定的。現在完全不一樣，人民有選擇國家的自由了。試看現在很多加拿大籍、美國籍、巴西籍，最近還有不少澳洲籍的中國人，不就是明證麽？用民族、歷史、領土等觀念來控制人民歸屬的時代已經過去，現在的國家必需建立在民意上。我舉日本的帝國飯店（舊館）的建築來做例子說：一九一六年日本人要在東京建立帝國飯店時，請了著名的美國建築師 Frank Lloyd Wright（1867～1959）來設計。Wright 認爲日本是多震地帶，而東京地盤又是一層泥土，如果用挖土打樁做基礎，一定無濟於事，於是採用船底式的設基方法，就是把整個基礎蓋成像一隻船，讓船本身浮在泥土上；這樣地動，船也動，船上的建築物就不至於塌下來。結果，一九二三年東京大震災時，東京大部分的建物都倒塌了，只有帝國飯店仍然屹立於廢墟中，

證明 Wright 的建築理論的正確性。現在的國家，如果不是建立在民意之上（船底式），一旦遇到重大事故，非垮下不可。徐先生聽了這個比喻，很感興趣，一再問我這個故事出典何在。我說這是日本人家喻户曉的故事，一時想不出。回來渥太華後，看到陳之邁大使的〈東京的面貌──旅日見聞之六〉（《傳記文學》第三十四卷，第二期）有同樣的記述，因此將該文寄給他。

台灣從一九八七年解嚴後步向民主體制，隨之，「統一乎？獨立乎？」之聲喧嚷一時。有朋友問我，我們應該走那一條路。根據上文的看法，我說只有民主這一條路。這個島上的人民如果大多數贊成統一，統一是對的，台獨是錯的；相反的，如果大多數贊成台獨，台獨是對的，統一是錯的。民主政治的最大功能，是把政治上「質」的問題用「量」來解決。

3. 我如何學中文

——（第22信〔補述三〕）

　　《懷樹》出版後，有個中學同學來信問我：「你的中文是怎麼學的？」在他看來，我們都是初三時才從日文轉念中文，而且我又住外國三十多年，竟能用中文著書，甚不可解。經他一提，我才發覺我學中文的經過確實與科班出身者不同。我沒下工夫直接唸古文，但看了不少有關古文的故事。

　　一九六一年出國時，我帶了十幾卷梁容若、齊鐵恨主編的《注音詳解古今文選》（國語日報發行，1958～1960）出來。不是為補習國文，而是準備他日發生「懷古之幽情」時可以拿出來當消遣用。我選此集的理由是碰到不會唸的字它有注音，不懂意思的字它有注解，是非常理想的枕邊書。

　　到美國後，學校功課果然非常忙，根本沒有時間做什麼「故國之思」。不過，考完試或放假時，偶而也會拿《文選》出來翻一翻。通常其中的文言文，「本文」我不看（因看也看不懂），只看有趣的「詞句解釋」、「作者傳略」和「附錄」等有關參考資料。其中的「白話翻譯」我也很少去看，因為詩、詞以外，我對全篇文意的了解沒多大興趣。對《文選》中的白話文，我完全把它當報上的「副刊」看。這樣躺在床上、

斷章取句、走馬看花的看書方式，很適合我當時的生活環境，因為我只有「片刻」而沒有「整段」的時間。這樣經過一段時期後，慢慢體會到看《文選》的樂趣，而古文文字的精鍊，意象之美，也無意中浸入我的腦海裏了。

到了一九六七年，完成學位後，想用中文寫作的念頭漸漸地抬頭起來。剛好此時我正等候加拿大政府的移民証，閒得無事可做，我就點點滴滴地寫了一篇〈父親的墓園〉❺送給洪炎秋先生過目，並請他代為投稿台灣的報紙。結果被退稿，第一次上戰場即被打下來，確實不是味道。我知道我的文章不可能在修辭上取勝，只能在內容上比長短而已。退稿表示這種程度的內容還得不到編者的賞識。那時我已卅六、七歲，自己覺得這把年紀還不能寫以內容取勝的文章，那麼我寫作這方面的將來性是極其有限。好在當時我的工作前程已決定，要不然會患一場嚴重的信心危機的。原稿再投於自立晚報，這次很幸運被接受了。意外的是編者附上一則介紹說：「本文對中國傳統的『孝』有非常中肯的詮釋，兼及藝術對生活的影響和看法，文字純樸感人。」（1968.3.26）。從此刻開始，我下意識地把自己歸納為「純樸派」，不是自動這麼選擇，而是我中文的水準只能屬於這一派。老實說，妄想要當「華美派」也華美不來的。

發表後一個禮拜，接到葉榮鐘先生的信，他說我這篇文章是「上出來」（Jiyo-de-ki）（日語：寫得很好），同時信封中附一張徐復觀先生的評語：「莊生有思想、有藝術上的修

養。」這句肯定的話出自「思想家」徐先生之口，實在太好
了。其權威性有如牛津大學的英文教授說：「你的英文很好」
一般。再過一個星期，洪先生來信：

莊生賢姪：

你那篇文章，實在寫得不錯，有內容、有見解、有意境。
我寄去中央日報，一直擱了一個半月，才退回來。大概因
爲太長，顧費安排的緣故，因爲一般副刊都不願登二千字
以上的文字，所以難怪。自立晚報登出後，令先尊的老友
像張文環等都大爲稱贊，可說有目共賞。我常說，寫文章
有內容最爲重要，技術比較容易鍊成，常常練習就能成
功。俗語所謂「熟能生巧」，就是這個意思。你有這樣的
根基，以後除專門書誌外，應該多看些一般的書，眼光才
不致狹窄，專門家固然需要，啟蒙學者在此刻的台灣以至
中國似乎更能發生作用。努力奮發吧。

寫文章要發表時，我贊成用真姓實名，除非怕得罪人。不
要用筆名，因爲用真實的姓名可以使下筆時更加嚴肅、謹
慎、負責。文章裏面有這類要素，才能感動人，美詞麗句
是沒有多大的力量的。易經說：「修辭立其誠」，我覺得
很對，沒有「誠」的文章是沒有價值的。寫文如此，說話
亦然。我平生聽了不少名人的演說，但使我最感動的，在
日本是三宅雪嶺，在中國是梁漱溟。這兩人都患口吃，一
句話期期艾艾費了半天勁才從口頭說出來，可是他的話是
從肺腑發出的，不僅是用口舌來表現而已，所以能動人。

不過表達的工具，能夠經過苦心的磨鍊自然是再好不過
了。

炎秋　啟 1968.4.16.

這幾位父執在「愛屋及烏」之精神下，給我的鼓勵實在很
大。好比一個心臟衰弱中的人，被打上一針「強心劑」，精神
確實為之一振，特別是洪先生教導的精神，奠定了我其後寫作
的態度。我不知道我在人生路上碰到幾次這樣的機緣，但確實
知道這是極重要的一次。因有這次的經驗，我後來才敢大膽的
嘗試《懷樹》這個大工程。

---

❺現已編入《懷樹又懷人》第六章。

4. 賴和的舊詩

——（第34信〔補述四〕）

　　賴和（1894～1943）被一般人譽為「台灣之魯迅」或「台灣新文學之父」。我認為這個比喻很適當，可以概括他的文學精神和他的貢獻。但奇怪得很，一般人推崇的是他的小說和新詩，對他的舊詩，大家都把它當做副產物看待。我想這是因為一般研究新文學的人都認為用韻律控制的舊詩是屬於舊文學，不便做為他們研究的對象。這種分割法用於當時的大陸倒沒什麼弊端，但如果用於台灣，那就大有問題。理由有二：

　　第一、當時在大陸，文言要改成白話文，只是選擇的問題。但在台灣，情況完全不同。台灣口語的福佬話還沒有充分文字化（到目前還在試探中），沒有即時可代替的口語文，而韻律的習慣在當時的社會又非常普遍的情況下，利用舊瓶（形式）裝新酒（新思想）是很自然的事情。記得當年我的小孩上小學（加拿大）時，常常說要做 Haiku，我聽了一愣，Haiku 不是日本的「俳句」麼？怎麼加拿大的小孩學 Haiku？一打聽，才知道他們要教小孩做詩時，採用 Haiku 的形式，讓語彙有限的小孩，循著這種簡單的規律來表達自己的感覺。英文的俳句（英俳）❻是由三個句子構成：第一句要五個音節，第

二句要七個，第三句要五個，就是按照俳句的 5-7-5 的基本韻律而用英語表現。這種利用他人的形式裝進自己的言語內容的試探，在北美很盛行。一般來說，美國、加拿大等這些移民國家因沒有文化自卑感，吸收外來文化的速度不但快，而且很少引起磨擦。他們根本不需要什麼「英學爲體，日學爲用」這類的思想門檻。現今世界對不同語言系統的詩的形式尚如此互相利用，八十年前的台灣人採用「舊瓶裝新酒」的變通辦法是很自然的現象。當然其中有很多是「舊瓶裝舊酒」（這是新文學派攻擊的對象），但不能因此把裝在舊瓶的酒都一律倒掉，這種做法非但幼稚，而且是一種文化自殺。因爲樹立新的文學形式固然重要，培養新思想的胚胎更重要。

第二、台灣當時的政治環境與大陸不同。在大陸，實際上新、舊文學並存，而且言論較自由，寫什麼都可以發表。在台灣則完全不同，既缺少發表的媒體，還受日本人的檢閱，很難靠一般文字傳播新思想。在這種狀況下，寓意於舊詩的形式很符合當時的政治環境。這是爲什麼要了解 1895～1910 年代台灣人的感情生活時，研究他們的舊詩非常重要的原因。

賴和一生進獄兩次。第一次是治警事件（1923）時入獄，24 天後以不起訴終結。第二次是太平洋戰爭爆發當日入獄，經過 50 天後釋放。在這次的獄中生活裏，他記了 39 天的日記。據林瑞明的考証❼：「現在所見的這份手記題目〈獄中日記〉，也不是賴和親身定名，而是戰後初期，友人楊守愚整理遺稿，發表於蘇新主編的《政經報》冠上題名，始見於世。」

（本文根據李南衡士編《賴和先生全集》明集 1，明潭出版社，頁 268～302，1979）這次入獄對賴和來說相當徬徨煩惱：第一、被捕的理由不清楚。第二、逮捕的彰化警察局說是受上峰的命令，但這位上峰主管遲遲不出面也不詢問。第三、與他同時被逮捕者，一個個地被釋放，但他卻仍被扣留不放。第四、他家庭的債務發生問題。這些問題相加相乘，使他在獄中極端的焦急與不安。在這 39 天的日記中，他寫了 15 首律詩，大都是表達他這種心情。其中最有趣的是描寫他與蚊子的相處狀況：

> 家將破滅身猶繫，　愁苦填心解脫難；
>
> 聞道心經能解厄，　晨昏虔誦兩三番。
>
> 嚶嚶只想螫人來，　吾血無多心已灰；
>
> 你自要生吾要活，　攻防各盡畢生才。

　　蚊子可以當做「日本」看，「心經」是經他要求送來獄中的書。在這極端苦悶的當兒，他竟把蚊子與自己當攻防戰中的主角。這種超然於天地之間的達觀，可能一部分是受「心經」的影響，但大部分是他的個性。除此詩外，還有兩首後來成為爭論對象的作品。第二十八日有一首：

> 堅壘已收馬尼剌，　東亞新建事非難；
>
> 解除警戒容高枕，　囚繫哀愁亦少寬。

賴和在此詩後面記述說：「皇軍（日據時期，日軍都稱皇軍）已據了馬尼剌，警戒也解除，我是有釋放的可能了，但是還沒有這空氣，使我感觸到呵。」

第三十三日又有一首：

> 忽聞街上有遊行， 說是軍人要出征；
>
> 好把共榮圈建設， 安全保護我東瀛。

對這兩首詩，有二種銓釋。一種是逸雄在第卅四信中說的「同一個賴和，於一九四一年坐牢時，心情就大不相同，滿胸的疑懼憂慮，甚至做出頌揚侵略戰爭的詩了」。另一種是林瑞明的解釋：「這類詩作，與賴和向來漢詩中表現的精神，本質相差極大。應從他盼望早日出監來理解，不宜責其反抗精神之墮落。」（林書，頁 281）這兩種解釋都忽視了一個儼然的事實：大環境的變化。當「支那事變」發生時，大部分的台灣人不敢露出反國策的姿態，但心理上都很憤慨，知道這是一場侵略戰爭。葉榮鐘在事變二個月後寫的詩〈生涯〉❸（1937.9.25）中有二句：

> 無地可容人痛哭， 有時須忍淚歡呼。

當時無論在日本本國、朝鮮或台灣，每有大都市陷落（如南京、漢口、廣東），他們就舉行「旗（hata）行列」（舉旗子遊街——白天）和「提灯（chiyo-chin）行列」（提龍燈的遊街——晚上）慶祝。葉氏是描寫此時的心情。但太平洋戰爭瀑發後，台灣人的心理來了個大轉變。以前是以「台灣對日本」的思考模式看事情，這次是「東洋對西洋」、「黃人種對白人種」看事情。因此，以往恨日、反日的氣燄大大地降低，反而頗有「舉國一致，同仇敵愾」的氣息了。這種氣氛的形成，我想有二個原因：一、是總督府對台灣人的政策有明顯的改變

（很像蔣介石時代轉移至蔣經國時代）。二、是皇民化運動的
拉攏政策發生了一些作用（特別是對年輕一代）。舉個例子，
台中櫟社的靈魂人物傅錫祺（1872～1946）〔照片十〕給葉氏
的明信片（1942.2.16）〔照片十一〕中有這樣的詩句：

> 輸酖欺屛太不仁，
>
> 亞洲世局幸翻新；
>
> 百年眼底空無物，
>
> 今識東邦大有人。

傅氏是日本領台後的第一代台灣人，是一個不折不扣的民族主
義者。這樣的人尚有如此的感覺，可知當時大環境下的一般狀
況。賴和這兩首詩也是在這種人環境下的產物，除了在獄中的
焦慮感外，只是表達小市民的一種戰時感覺而已，並沒有什麼

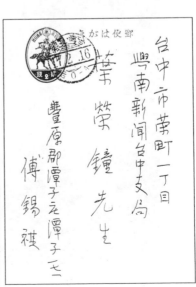

〔照片十一〕　傅錫祺的明信片（筆者收藏）。

〔照片十〕傅錫祺與應社詩人。1941 年(日本紀元 2601 年)攝。坐者由左：莊垂勝、施江西、林獻堂、傅褟祺、周定山、施炳揚、不詳。立者由左：陳

英方、吳衡秋、不詳、林金生、莊銘瑄、楊木、楊樹德、石錫勳、楊石華
、楊添財、楊茂松、不詳。左上為陳滿盈、右上為賴和。（筆者收藏）

「頌揚侵略戰爭」的意思。我用「小市民」代表當時的賴和，並不是為他解脫，而是他本質上就是這樣的人，不管得意的時代（英雄）或失落的時代（落水狗），都沒有改變他這種本質。舉一個例，當年治警事件發生後，他與同案的志士出獄時，受到民眾絕大的擁護和敬仰。（治警事件是日本時代發生的最大政治案件，略同於蔣經國時代的高雄事件，不同的是前者最重的治罪不過是四個月，後者是數十年的坐牢。）在這個人聲望極高的時候，他做的詩是：

> 一死原知未可輕，　吾身不合此間生；
> 如何幾日無聊裏，　已博人間志士名。

壓根兒他是一個鄉下人，不但毫無自矜之心，恐怕連名望或世譽都沒想過。

至於賴和是不是反抗的詩人？我的看法是「yes and no」。從表面上看，他是反抗的。但從本質上來看，他不是為反抗而反抗的人。很清楚的一點是他對弱者抱著無限的同情心。他本人雖屬地主階級，但看到二林蔗農受糖廠剝奪，他就寫〈覺悟的犧牲〉（新詩）；他雖然是漢族，但看霧社的原住民壯烈的犧牲，他就寫〈南國哀思〉（新詩）；他雖然是日本籍的台灣人，但看到大陸的老百姓受日本的蹂躪，他就寫：

> 奮身血戰據遼東，　贏得人矜武士風；
> 塞上幾多鄉國恨，　都消萬歲一聲中。

總之，他的同情心是超越階級、國家或種族，是具普通人性的一端，所以稱他為 humanist（人道主義者），我是百分之百

贊成。

從傳統的詩觀或史觀來看賴和的舊詩，可能有不少缺點，有人說太露，有人說缺少韻味。不過，我覺得他的缺點也就是他的優點。第一、如果不太露，我這種程度的人不能了解他的舊詩。第二、韻味確實不多，但把時代背景摻進去作品中咀嚼時，還可以體會到很多文字以外的韻味。

賴和的詩的確缺少傳統詩人所表現的典雅、含蓄、秀拔之氣等等，但他有他們所沒有的，那就是對時代的睿智。我在他的詩裏找不到的焦點，竟在他的其他資料中發現了。他給李獻璋編著《台灣民間文字集》的序文（1935）中有一段這樣的話：

> 這些被一部士君子們所擯斥的民間故事與歌謠，到了現在，還能夠在民眾的嘴裏傳誦著，這樣生命力底繼續掙扎，我們是不敢輕輕看過的；何則？因為每一篇或一首故事和歌謠，都能表現當時的民情、風俗、政治、制度；也都能表示著當時民眾的真實底思想和感情，所以無論從民俗學、文學，甚至於從語言學上看起來，都具有保存的價值。

看了這段文字後，我發覺賴和對文學（包括舊詩）的視野是多麼的開闊、多麼的「新」。憑他這種視野與了解，加上那種真摯的同情心，他在這個文化荒島上走出一條小徑，讓「後之來者」繼續拓寬發展。我覺得賴和對台灣文學的最大貢獻是其奠基的紮實與方向的正確性（humanism），而不在技巧上的創

新。

---

❻英俳一例：取自 Seishi Yamaguchi：《The Essence of Modern Haiku》，Mangajin Inc. p.1, 1993.

> Bea-ring up un-der
> the lone-li-ness of stu-dy,
> I add fresh char-coal.

（忍耐著學業上之寂寞感，我加一塊新炭。）

❼林瑞明：《台灣文學與時代精神》，允晨叢書，頁 267，1993。

❽葉榮鐘：《少奇吟草》（頁 28）。私人出版，1979。

5. 林獻堂的歷史評價問題

——〈第73信〔補述五〕〉

　　李獻埠一九九〇年在日本發表的〈日本帝國主義下の台灣
社會運動における林獻堂〉，是坊間所看到的林獻堂論中分量
最多（將近三萬字）、評論最偏激的一篇文章。其特點有二：
第一、此文是針對葉榮鐘編的《林獻堂先生年譜》〔照片十
二〕的反駁。本來年譜是記事體，不涉及價值判斷，但在該譜
上，葉氏附不少〔謹按〕說明事由。對此，李氏做了全面性的
否定。第二、這是以日據時代台灣的政治運動史為背景，檢討
林獻堂的作為。李氏的結論是：林是自私自利的機會主義者，
他是同化論者而不是民族運動、文化運動的領導人。

　　在科學上，對某種因果關係可以用實驗証明的，叫「定
理」；不能用實驗實証，只能用合理推論的，叫「假設」。政
治人物的歷史評價猶如科學上的「假設」，對同一人物有複數
的評價是很正常的現象，不足為奇。問題是在諸說紛紜中，如
何判斷那一說比較合理？第一個方法是假定某說是對的，然後
用演繹法去檢查是否與事實互相矛盾（contradiction）。二
是比較那個「假設」較清楚地釐定（differentiate）不同的概
念。用這種方法來檢討李文時，發現如下的問題：第一、李氏

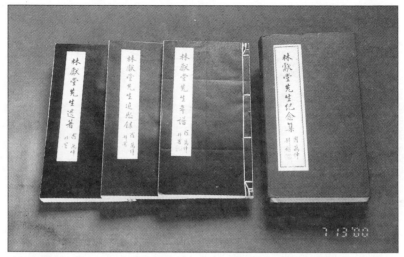

〔照片十二〕　葉榮鐘編《林獻堂先生紀念集全三冊》（1960）。

憑林獻堂參加板垣退助（1837～1919）組織的「台灣同化會」
這個事實，用「望文生義」的文字解釋，判定林氏是「同化論
者」。

　　板垣是日本明治維新的元勳，也是日本早期民權運動的領
導人。一九一四年來台組織「同化會」，其宗旨，是要台灣人
同化於日本，但也要給台灣人平等權益。當時的父老對「同
化」一詞並非沒有抵抗感，但要給台灣人與日本人相同的權益
卻是聞未曾聞。在動輒得咎的武力統治下，板垣開明的殖民政
策，深深地打動了他們的心坎，於是各地紛紛設立分會響應板
垣的號召。詩人林仲衡的一首七絕可以代表當時父老的心情：

　　　　曾翻幕府唱維新。冰電鬚眉罿鑠身。

　　　　三百萬人齊下拜。馬頭擁出自由神＊。

（＊板垣一八八三年因推動民權運動而遇刺時說了一句話：「板垣雖死，自由不死」，此句後來傳為名言。）

　　起先總督府鑒於該會以「同化」為號召，符合國策，而且主倡人板垣是有特殊身分的人，不但予以設立，還多少表示歡迎之意。但後來看到台灣人熱烈反應（會員台灣人三千多人，日人僅四十人，請參照葉榮鐘編著的《民族運動史》），似乎成為有政治訴求性的民間團體，於是下令將成立不到四個月的「同化會」解散。如果林獻堂真的是同化論者，那麼對日本人來說正是求之不得，獎勵鼓舞恐都來不及，為何要解散？理由很清楚，參與該會的台灣人雖然表面上奉承日本政府的「同化」政策，但骨子裏是要爭取不等權利，這是總督府以及在台日本人絕對不容許的。李氏對此段史實很清楚，為什麼閉口不談「同化會」的實質意義，而專挑「同化」兩個表面文字著墨渲染呢？矢內原忠雄形容參加「同化會」的台日人士為「同床異夢」，是符合歷史事實的解釋；相反的，李氏的「異床同夢」是無的放矢。

　　第二、李氏處處形容林獻堂為「御用紳士」？所謂御用紳士者，顧名思義是對權力者唯命是從的人。林氏的從事議會請願運動，以至後來的「祖國事件」（林氏稱中國為「祖國」而遭毆打的事件），可說處處與統治者的意志相反，天下哪有不聽話的「御用紳士」？日本統治台灣，一直傳承擔任過民政長官（次於總督）八年又八個月（1989～1906）的後藤新平的「Ame と Muchi」（糖果與鞭子）政策——就是說對聽話的

人給糖果（如對辜顯榮的提拔）；對不聽話的人給鞭子（如對
林獻堂的經濟制裁）。辜、林是走截然不同政治路線者，難道
可以一概統稱爲「御用紳士」麼？史明在《台灣人四百年史》
（頁327）做如下的階級分析：

> 林獻堂一族在台灣社會上是跟上述的四大家族（指辜顯
> 榮、林本源、陳中和、顏雲年）同樣、佔據著資産階級的
> 中樞地位。然而、他們在日本統治時代、㈠民族意識優先
> 於經濟活動、㈡堅守地主的立場而只以所收的地代（租）
> 把其運用爲經濟活動、因此、不像四大家族那樣只爲個人
> 的利益而墜落於日本帝國主義買辦的地步、同時也不討好
> 總督府及日本獨佔資本、相反的更進一步的成爲傾向於改
> 良派的民族解放運動之中心勢力。

史明是社會主義者，對地主階級不會有好感，但仍然給予如此
的評價，實因他的推論是基於客觀而深刻的觀察與思考，而非
基於意識形態。

　　日本統治台灣五十年，可以用一九一五年的噍吧年事件爲
界分爲兩期：前期是武力抗爭，後期是非暴力的政治抗爭時
期。對前後兩期的變遷，我曾做如下的詮釋（《懷樹》頁
244）：

> 當時台灣的領導階級目睹日人之欺負太甚，雖然悲憤填
> 膺，但不知如何對付，而在思想上，除了純樸的民族感情
> 外，無所憑藉。就在這種徬徨與掙扎中，一九一一年梁啟
> 超的來台，給他們很大的政治覺醒。第一、在強大的日本

帝國主義者之統治下，過去那種前仆後繼的武裝起義無濟於事，今後必須以非暴力的政治鬥爭，爭取台人的平等權利。第二、台灣人本身的民智需要急速提高，才能對抗日人。當這種認識正在指導階層中形成時，日本明治維新的元勳板垣退助來台設立「台灣同化會」（1914），使這種思想傾向更加明顯化。板垣的同化論是歸於「取和予」（give and take）的相對條件，他要爭取台灣人願意同化爲日本人的承諾，但也要給予台灣人和日本人平等的權利。當時的台灣人對同化不是沒有心理上的抵抗感，但「平等權利」的賦與，卻擊中了他們的心坎，因此各地對板垣的號召熱烈響應。反着日人方面，本國政要固然贊成者頗多，但在台之日人卻普遍反對。因爲如果給予台灣人平等權利，那麼他們已享有的特權就無法存在，因此群起而攻，總督府也暗中附和，結果板垣不得不鎩羽而歸，由他創立的「同化會」也消跡了。板垣的同化會雖然曇花一現，但給當時的領導階層有全島性政治運動的體驗。值得注意的是，台灣人接受板垣的同化論，間接地表現台灣人當時的政治傾向是採取「民權」優於「民族」的態度。這種民權意識的產生，雖不是板垣的本意，卻因他的同化會而催生。從此以後，台灣人的民族運動，由前期的「種族的民族主義」轉變爲「民權的民族主義」，而成爲此後二十四年政治運動的主流。

　　台灣近代化的政治運動，以「同化會」爲起點的這種想法
相當普遍。賴和在〈獄中日記〉（第十二日）回憶說：「細想
台灣有所謂運動，當以故板垣伯（板垣退助伯爵）爲中心之同
化會爲始，當時頗受內地人側（方面）反對，似以爲台灣人一
同化便和內地人同等，有侵犯著內地人的權威，所以沒有成績
消散去。」林獻堂的政治生涯也是從參加「同化會」開始。當
時他三十四歲，正是壯年有爲的年齡，從此時到「支那事變」
（1937）發生的二十四年間，他是台灣民族運動的一個主要角
色。其間最重要的是，由台灣本地老一輩的知識分子、東京的
台灣留學生、和台灣本土的青年學生聯合組織起來的啓蒙團體
文化協會（1921）。還有，同年向帝國議會提出的台灣議會設
置請願運動。當時，他們爲避免與台灣總督府正面衝突，不直
接訴求殖民地的自治，而僅僅用議會主義來抗衡。究竟他們抱
著怎樣的心態從事這樣的行動呢？欲了解這一點，蔡培火一九
二五年在獄中所作的一首歌可說是最好的參考資料：

〈台灣自治歌〉（用福佬話唸才能押韻）❾

蓬萊美島真可愛，　　祖先基業在，

田畑阮開樹阮種，　　勞苦代過代，

著理解，著理解，　　阮是開拓者，不是戇奴才，

台灣全島快自治，　　公事阮掌是應該。

翻成白話：

　　蓬萊這個美麗島真可愛，

　　這是我們祖先基業所在的地方，

　　田園是我們開，樹是我們種，

　　辛苦一代又一代，

　　要知道，要知道，我們是開拓者，不是戇奴才，

　　台灣全島快來自治，

　　把公事拿來我們手中處理是應該。

這首歌最可貴之處，是把一九二〇年代台灣人的心緒，用最直接、最「土」的方式表達出來，可以說沒受過現代文化污染以前的最純樸的文字。

　　當時的日本本國還是民權尚未十分發達的社會，而台灣社會更是落在其後。在這種情況下，林獻堂想利用議會運動來推動台灣自治，不能不說有相當的遠見。雖然從結果來看，他不但在日本統治期間內沒有達成此目的，戰後在國民黨統治下也是如此。他自我放逐於日本（1949）後的詩作：「民族自強曾努力，廿年風雨負初心。」表露他此時沉重的心情。台灣的民主化還得等半世紀後的一九九二年才得實現。可見要走上台灣人自治之路是多麼的崎嶇而長遠。雖然在政治上，林獻堂是失敗者，但他是向這個目標走上第一步的人。他領導以民權為內涵的民族運動，與六〇年代 Martin Lyther King 在美國發動的民權運動很相似。兩者都是喚起被統治者的覺醒，來追求權益的平等，從這一點看來，他真不愧為一個先覺者。

.

---

❾此歌是一九二五年蔡培火因治警事件入獄時所作二首中之第一首。曲卻至一九三一年始得完成。詳情請參照賴淳彥著：《蔡培火的詩曲及彼個時代》，財團法人吳三連台灣史料基金會出版，191 頁，1999。

第三章

陳逸雄的兩篇文章

陳逸雄發表不少翻譯文章。其中由日文翻成中文的多半是有關台灣近代史的日人著作;由中文翻成日文的,是介紹中國大陸或台灣方面的論說。他的翻譯特色是詳細的註和對原作精闢、扼要的解說。本章將他的日文論說中選二篇中譯以餉讀者。(文內之註由原作者,每節後之註則由譯者。)

1.《台灣抗日小說選》的「前言」 及其他——（第6信〔附錄一〕）

　　台灣新文學的誕生是進入於一九二〇年以後的事情。這裏說的新文學，跟從前那種受形式、韻律所拘束的漢詩或文言的漢文不同，是指不受形式、韻律拘束的自由詩或白話（口語）寫成的小說、散文而言。其產生的母體是東京的台灣留學生所刊行的《台灣青年》。

　　從台灣去日本的留學生，自一九〇八年的 60 人開始，年年增加。一九一五年有 300 多人，到了一九二二年即增至 2400 多人了。一九一九年爲廢除六三法案和設置台灣議會運動而設立的留學生團體「啓發會」（不久改稱爲新民會），第二年發行《台灣青年》，該刊後來改稱爲《台灣》，《台灣民報》，《台灣新民報》，由月刊，半月刊，旬刊，週刊，最後成長爲日刊。發行地也由東京遷移到台北，成爲孕育新文學的搖籃。

　　台灣新文學自從發軔開始，一直以民族意識爲其底流。如衆所知，清朝因中日戰爭的結果，一八九五年將台灣割讓給日本，但政權並非和平地移交。爲鎮壓不承認割讓的台灣人，日本以近衛師團爲核心，動用數萬的海陸軍上陸南北兩地，與現

地的義勇軍對戰數年。值得注意者，這些義勇軍的指導者中有不少像徐驤、吳湯興、林李成、林維新等投筆從軍的讀書人，據說其中也有不少爲防衛台灣而殉難的。

經過七年的歲月，抗日義勇軍和抗日游擊隊已終熄後，山地原住民的武裝抗爭仍然繼續進行，同時在平地的武裝抗日事件也時而發生。到了一九一五年後，除了山地外，犧牲慘重的武裝起義始告一段落。

這個演變表示日本的台灣統治已上了軌道，面對這個新局面，台灣的抗日運動也從武力的抗日轉變爲以文化爲手段的抗日。啓蒙團體的文化協會的產生就是這種變化的具體表現，而繼承這種思想系譜而在文學上發揮的就是新文學運動。

具此歷史背景的台灣新文學運動，有幾個特色：第一、是受中國文學革命極大的影響。白話文的提倡，有關文學理論的議論，胡適、陳獨秀的文學論，魯迅和其他中國作家作品等源源介紹進來。台灣新文學運動的基本理念與其發展過程，可以說是追隨中國文學革命之路，利用它的成果攝取爲自己生長的滋養。在介紹中國的文學理論和中國文壇的狀況方面，張我軍和蔡孝乾發揮了中心的力量。

另一方面，台灣的新文學運動當然受到日本方面不可忽視的影響。如上所說，當時台灣留學生大多是在日本本土，中國大陸次之，歐、美僅有少數。西田幾太郎、河上肇、福田德三、田中王堂、杉森孝次郎、厨川白村、生田春月、土田杏村、岸田國士、武者小路實篤等形成大正文化的人的作品，都

成為從事新文化運動者的精神食糧，這可從他們當時的文學議論內容和其他方面看得出來。再者，在大正民主比較自由的空氣下，美國 Wilson 總統的民族自決論，給台灣的社會運動家和新文學運動家無可忽視的刺激也是事實。

雖然如此，新文學運動的初期至中期，從事創作活動的主流人物並非留日學生。就本書所收編七個作家中經歷清楚的六人來說，僅有陳虛谷是留日，其他都是在台的台灣人。雖然像謝南光那樣用日語試作的人也有，但當時的主流大多數是用白話文而非日語。這種狀況到了一九三二年以後才開始變化。用日語創作的數目慢慢增加，而日本的影響也更明顯化了。

不可忽視的是日本的間接影響，通過日語，台灣人可以吸收西方的思想和文化了。日本書籍比中國書籍容易入手，日本的翻譯也比中國先進幾步。這可從賴和、陳虛谷的藏書看出其痕跡。

新文學運動進展的過程中，難免跟舊文學陣營發生衝突。這種狀況，台灣與大陸相彷彿。在台灣的舊文學中佔著主流地位的是漢詩人。當時在台灣有上百的漢詩社，本書中朱點人在小說《秋信》中說詩社林立，其盛況絕不遜於唐之隆盛期，詩人輩出是事實。為了懷柔台灣的讀書人，兒玉源太郎總督於一九○○年設立揚文會，一年一次招宴科舉出身者，並囑文吟詠。後任總督也時而舉行類似的盛會，可見日人對台灣社會舊文人重視的程度。

新文學陣營攻擊舊文學陣營的第一點，是後者不放棄數百

年來文學上的種種規範，不以日常生活滋生的感情來創作，只賣弄乾燥無味的文字，完全脫離世界文學潮流而自我安慰。對此反論之一例，就是連雅堂反駁張我軍的論述：

> 今之學子。口未讀六藝之書。目未接百家之論。耳未聆離騷樂府之音。而囂囂然曰。漢文可廢。漢文可廢。甚而提倡新文學。鼓吹新體詩。粃糠故籍。自命時髦。吾不知其所謂新者何在。其所謂新者。持西人小說戲劇之餘。丐其一滴沾沾自喜。誠陷穽之蛙，不足以語汪洋之海也。（《台灣詩薈》第 10 號，1924 年 11 月 15 日）

攻擊的第二點，是針對一部分舊文人把文學當做社交的工具而不顧個人的操守。台灣漢詩社林立，正如朱點人在小說中所說，由於台灣割讓給日本後，台灣人對自己的語言文化發生危險感所使然。但一旦受總督、知事歡宴後，各地詩人歌詠善政，沒見過面的總督一有新作發表，各地詩人趨而和韻應酬。這種風氣，被新文學陣營批評為可恥的文學墮落。對此指責，舊陣營的反論可舉一例：

> 上山督憲（督憲是總督的別稱）感懷詩。堂皇典雅。以是島內騷人墨客和者甚多。要亦賡揚風雅之一道。而彰化某現代式理想偉人。則目此為求榮倖進之階。滿腹牢騷。眼中出火。大哭特哭之餘。繼以冷嘲熱罵。痛詆作者此真無端請出趙簡子。正所謂吹皺一池春水。于卿底事。細忖其意。以欲藉此表示其人格清高。不阿權貴。此種釣名技倆，殊不值識者一笑。顧現際社會事態萬端。思想懸殊。

抱負互異。事事物物。順其自然。則清者自清。濁者自
濁。奚可強人就己。妄加詆毀。（《台灣日日新報》，
1926 年 9 月 30 日，無腔笛之反論）

新舊文學的爭論時而起，直到一九四〇年代還在發生。雖
然如此，經過曲折的路程，自由詩和小說還是繼續地發表，其
間還有民謠的收集，新劇運動的興起等新發展。於是，新文學
運動的聲勢一時頗高揚，文學雜誌如《南音》、《台灣文
藝》、《台灣文學》、《台灣新文學》相繼刊行，「台灣文藝
協會」、「台灣文藝聯盟」等文學團體也隨之結成。

但另一方面，新文學運動本身也產生了一個問題——那就
是語言的問題。當時，在台灣創作上使用的語文，雖然摻雜台
語，但基本上是白話文。對說北京話的人來說，白話文是口
語，但對說台灣話的來說並非口語（雖然說是台灣話，但包括
閩南話、客家話、原住民語。但論新文學時以福佬話解釋）。

於是鑒於台灣的特殊性，還有為建立台灣獨自的文化起
見，有人主張用台灣話寫台灣的事物❶。與白話文對照，這種
語文叫做台灣語文。

但是，用台灣語文創作，需創造新字、新語。這一來，有
些人憂慮這種做法會切斷台灣與大陸的臍帶。於是，主張台灣
與中國不可分離的人，就提出在台灣也應用白話文創作的對立
意見❷。他們除了促進跟大陸文化的整合外，還有以白話文促
進台語的改革意圖。

新字問題、挽救民眾中的文盲、建設大眾文學、羅馬字化

等引起的爭論，一般都稱爲鄉土文學的爭論。就本書中的作品
而論，都是用白話文，但卻沒有一篇不混雜台語的。以混用的
程度而言，蔡愁洞最顯著，而王詩琅、自滔較少。

　　由於問題的性質，未得到結論，爭論就暫停下來。但數年
後，將一切議論吹消的破局來到了——這就是後述的新聞雜誌
漢文欄的廢止。

　　一八九五年，日本領台後，總督府對教育的處置可以說相
當敏捷。最重要的目的當然是要推動日語的普及，以養成忠良
的日本國民。因此，在政局還相當混沌的狀況下，一八九六年
就頒布國語學校規則，並在芝山嚴設置學校，二年後頒行公學
校令。（台灣初等教育分爲小學校與公學校，前者是日本人，
後者是台灣人的學校。小學校令第一章第一條說：「小學校乃
教育內地人學齡兒童之所」。公學校規則第一章第一條也說：
「公學校乃教育本島人子弟」云云。這是在台灣差別教育的開
始，一直繼續到一九四一年四月統一爲國民學校的名稱爲
止。）

　　同樣的，一八九八年制定關於書房義塾（所謂漢學塾）規
程，導入日語課程。由於日本政府不欲台灣人延續本土文化，
不斷地干涉與壓迫，一八九六年全島有 1129 所義塾，到一九
三九年只剩下 14 所。於一九一三年，把原來附註在廳（州）
的命令、告示、諭告的漢譯也一律廢止。可見總督府對日語普
及如何積極了。

　　一九三〇年，台灣最後的武裝起義——霧社事件發生。第

二年，滿州事變爆發，因日本政府不斷的彈壓，台灣的社會運動幾乎潰滅了。此時，在總督府的監視和檢閱的強化下，新文學運動仍然繼續發展，由於可使用日語的新作家的加入，反而呈現百花齊放的盛況。但白話文新文學只能延長數年的壽命。到了一九三七年中日戰爭發生後，憑「新聞雜誌漢文欄廢止」的命令，全部崩潰了。（只剩下一部《風月報》雜誌，後改稱爲《南方》，其內容包括白話的自由詩、散文，還有小說、漢詩、漢文，但其內容較富協助戰爭的色彩。）以廢止漢文欄爲名義的處置，事實上是禁止用白話文的創作，但傳統的漢詩還可繼續。就是說，山水花鳥、懷古幽情之類的漢詩可以接受，但對時代的潮流、對社會的動向具有傳達性，並在某種狀況下可能發展成與大陸通聲應氣的白話文，卻非消滅不可。雖然此時漢學塾的數目已不多，但三年後，於一九四〇年即全部廢止。從這些措施，也可窺見總督府的意圖了。

　　但回到原點來省察其歷史精神時，不甘墮落於皇民文學的陷阱，而被判爲死刑的白話文新文學，無寧說是光榮的玉碎吧！

　　用白話文創作的人當中，也有像楊雲萍那樣能從中文改成日文的，但只能說例外。一般人只有三條路可選擇：封筆❸，繼續寫不能發表的作品❹，寫漢詩。如果說繼續寫不能發表的作品是積極的抵抗，在激烈的戰爭中，寫跟戰爭無關的漢詩登在報上小隅的漢詩欄，也是抵抗的一種姿勢吧！從此時至一九四五年日本統治的降幕爲止，只有能驅使日文者的作品登在報

上，隨著戰局的擴大，一九四〇年，在日本內地結成的「大政
翼贊會」，第二年也以「皇民奉公會」的名義在台灣展開。沒
有停筆的作家，大半都被編入於「台灣文學奉公會」。既然參
加了決戰文學的隊伍，就不得不參加大東亞文學奉公會，或奉
承皇民文學的人也不少。其中有的被視爲「新文學運動的旗
手」，也有被謳歌爲「不屈的抗日作家」的。

　　最先提起台灣人作家的皇民文學，大概是尾崎秀樹於一九
六一年發表的二篇文章罷。尾崎氏的論說中，一小部分在十八
年後的聯合報（1979）介紹出來。第二年，不完整的翻譯文即
收入在「台灣史論叢」上。雖然如此，皇民文學在台灣幾乎無
人從正面提出來討論。近年來，好像只見到張恆豪氏從不同角
度對此問題照光的程度而已。

　　很少人談起這問題的主要原因，可能是皇民文學作家中，
還有很多生存者。還有一般人對死者都抱著「揭發死人的瘡
疤，非君子之道」的心理壓制。此外，可能是一切重要資料還
沒充分地發掘出來。因爲這樣，才會把那些從事皇民文學的
人，誤認爲不屈的抗日作家的怪現象。人要有道義心，這點用
不著議論。但就像歷史家有義務傳達歷史的眞實一樣，文學家
也有義務傳達文學的眞實。

　　有人說，皇民文學是違反作家自己的自由意志，是國家權
力強制下的產品，完全失去文學意義的東西。所以，不能做爲
價值判斷的對象。若是如此，不願寫皇民文學而封筆的人，寫
那些不能發表的作品的人，還有，像竹內好那樣斷然拒絕大東

亞文學大會的人，不知有何意義？

　　皇民文學的基本問題，在人類歷史上，世界到處都發生過，今後也還會重演，是一種舊而新，是對權力抵抗的姿勢的問題。我也認為不要把生存者拿出來當對象，但應客觀地將皇民文學當做全體台灣人繼承的負的遺產來整理，把真實傳給後代，讓他們去做發現歷史教訓的作業。我想，無論如何這是不可避免的道路。

　　總而言之，二十多年前，為預告台灣文化的黎明，以民族精神為骨幹而站起來的新文學，竟以皇民文學而閉幕，實在是悲慘且寂寞的終局。

　　本來，抗日文學應與台灣光復同時出現才對，尤以白話文寫的作品更應是如此。但事實上，埋沒在歷史片隅的這些作品，還要等到光復後三十年的歲月才重見天日。曾經從事新文學的人，雖在《文化交流》誌、《台北文物》誌、《新生報》紙及其他新聞雜誌上也提及，但不足引起世人的關心。

　　一九四五年是日本歷史轉換之年。但以此年為界，台灣也產生了較日本有過之而無不及的激動。

　　先是史無前例的通貨膨漲襲擊。從一九四六至一九五一年間，臺灣的通貨發行量增加 4047 倍，平均物價高漲 9600 倍。從一九四九年的舊卷四萬元換新卷一元這一事實，也可見當時的通貨膨漲是多麼的猛烈❺。在這種狀況下，求生存已不容易，何能談文學。

　　其次，是沒有思想言論的自由。在熾熱的國共鬥爭漩渦

中，長年過著開口即唇寒的狀態下，尤其是一九四七年的二二八事件後，社會上瀰漫著明哲保身的風氣。本書所收編的賴和，一九五一年以抗日烈士祭祀於忠烈詞，但七年後，因被視為左傾分子而被搬出（十年來陳情、抗議之事相繼而起。於是，一九八四年，再度把他入祠）。加之中國政府，不管是台灣或是大陸，事關思想問題，都採取過酷的重罪傾向。例如，從事新文學運動的楊貴，在日本統治下被逮捕十次，但總共投獄期間不到四十五日。但一九四九年，發表「和平宣言」，要求實行民主以把戰火止於海峽時，受到十二年的刑罰。在這種狀況下，沒有人敢談日本統治下的文學作品，是極自然的現象。

還有言語問題的陷阱，在總督府積極普及日語的政策下，壯年層以下的台灣人，變成用日語讀寫，用日語思考，用日語說話的人。不但不能用台語講演，連用台語講日常會話都有問題。在這種狀況下，怎麼看得懂用白話文寫的作品？要取回失去的自己的言語，是需相當長的年月。

加之，在激動的政局下，所有以前的新聞、雜誌大都散失。如果不把作家的保存資料彙集、整理、出版，已不能接觸到當時的作品。關於這一點，至今，日治時期的《台灣新民報》、《台灣新聞》等重要的資料還沒發掘，所以台灣新文學的全貌還不十分清楚。

因以上的理由，新文學長期不受到注意。一九六五年，王詩琅在《台灣文藝》發表的〈日本統治下的台灣新文學〉，開

頭一段是這麼說：

> 台灣回祖國的懷抱已有二十年了。……前些日子，《台灣
> 文藝》的負責人告訴我說：志於文藝的青年，不但對台灣
> 的新文學沒有知識，連有這種史實也不知道，所以請將其
> 發展過程寫出來。

十一年後的一九七六年，雜誌《夏潮》一卷六號，有一篇
〈賴和是誰〉為題的介紹文和三篇作品的轉載。可知新文學長
期在台灣被忘卻的程度。

但是，進入一九七〇年後，由於新一代對新文學的關心，
促使一部分資料被整理出版，於是有不少論說出現。

本書所收錄的作品是根據下面的準則：

1. 日本統治時代用白話文寫者。

2. 在新聞、雜誌上發表過者。

3. 以抗日意識做基調者。

在十六篇中，賴和的〈豐作〉，曾經由楊貴日譯登在一九
三六年《文學案內》2卷1號。大部分作家都是從事當時的啟
蒙運動、社會運動的人。作品是傳達一九二〇年至三〇年代的
日本統治時期的台灣社會情況。

一般的說，作品均用寫實的手法，書中出現的團體、派
別、行事、事件均是真實的。乍看之下，出現的人名很好笑，
但都是反應當時的實際狀況，故事的設定也大多根據作者自身
的見聞。也有根據作者的體驗所歷述的私人小說的傾向者。

這種傾向，可說是所有新文學共有的特色。對欲與舊文學

訣別做爲原點的新文學來說，步上寫實主義之路是很自然的，這跟胡適倡導的寫眞摯的感情、不模倣古人、不做無病呻吟、不用陳腔爛調的套語等中國大陸文學革命的主張相對應。

　　讀後感到的是，作品中以警察當主角的很多。如上述，日本佔領台灣後，非用軍隊鎮壓不可。領台後二十年間，連年從事武力鎮壓。因此，日本在台灣最先著手的是警察網❻的確立。

　　一般的說，在五十年的統治期間，台灣的台灣人社會與日本人社會是截然分爲二，彼此很少接觸。尤其是在農村很少看到日本人。唯一的例外是，不管如何偏僻處，都能看到警察網。對這些農民來說，日本政府就是警察，警察就等於是日本人。警察是壓迫的象徵和實行者，這種印象，愈到鄉下愈濃厚。

　　作品中，對警察的稱呼都用「大人」。在台灣或大陸出版的書中，往往註明「日本統治下台灣人對日本警察的尊稱」，但這不能說是正解。「大人」這句話用得相當廣泛，用法因時代而不同。清朝時代當做對父母、同輩者、官吏的尊稱。蔡愁洞的小說中有「郡守大人」，楊守愚的小說中稱當警察爪牙的台灣人爲「密偵大人」。封建時代官尊民卑的稱呼，在日本時代也完全蹈襲使用於一般官吏。因爲一般民衆接觸的官吏是警察，所以使人認爲這是專對警察的尊稱而已。

　　作品中頻頻出現「保甲」的用語。因此，也應將保甲附註一下。保甲制度是由宋朝王安石開創。明朝時，王陽明也採用

過。清朝時，也採用連坐制的治安組織。台灣總督府也導入此
制度，一八九八年頒布「保甲條例」。原則上，十戶爲一甲，
十甲爲一保，甲之長爲甲長，保之長爲保正。保甲設壯丁團，
以取締山地、平地的反政府運動。保甲設在警察的監督指揮
下，是一種警察的輔助機構，經費由保甲民負擔。此組織一直
延續到一九四五年六月改編爲國民義勇隊爲止。根據一九〇三
年七月的統計：

保數	4,085
甲數	41,660
壯丁團員	136,116 人

　　讀本書收錄的作品所得的感慨是，在九十一年相當苛酷的
日本統治下，其中有十二、三年還准許這種作品發表。在一九
五〇、六〇年代的台灣或中國大陸，對政府敢如此批評的作品
能存在麼？——回答當然是「不」。這並不是說日本時代較
好，既然沒有差別、壓迫、剝奪的殖民地統治是不可能，那
麼，不管如何以美辭麗句表揚治績，終不能償還失去的人命和
受傷的靈魂，也不能正當化。日本統治結束已過了四十三年的
歲月，其後遺症現在還留下很多痕跡於台灣。很顯然的事實
是，從殖民地統治的枷鎖解放出來，並不意味著政治自然就會
好。

　　本書的翻譯、出版，受中國文學家松本一男氏的慇懃特
多，謹此致謝。

1988 年 6 月 15 日

於船橋　西習志野
陳逸雄

作家介紹：

(1)賴懶雲（1894～1943）

　　本名賴河，後改爲賴和，彰化市人，祖父是大道藝人。少時讀漢學塾，同時也進入日語的公學校。畢業台北醫專後，去廈門的醫院服務，不久回台開業。

　　一九二一年，台灣文化協會成立後，擔任理事，從事啓蒙運動。一九二三年，因治安警察維持法事件而被逮捕入獄一個月。

　　一九二二年開始發表漢詩。一九二五年發表的隨筆〈無題〉，被認爲是台灣第一篇完整的白話文散文。同年發表自由詩〈覺悟下的犧牲〉、第二年的小說〈鬪鬧熱〉於「台灣民報」。推進新文學運動到一九三五年。

　　賴和的文學作品，包括未完成者，共有短篇小說18、自由詩11、雜文10數篇、歌謠數篇、漢詩約有200多首。他使用甫三、安都生、走街先、灰等筆名，但其中以懶雲最爲人所知。除創作外，他還從事《台灣民報》文藝欄的編輯，參加台灣文藝聯盟，《台灣新文學》、《南音》雜誌的企劃等多方面的文學活動。

　　賴和被稱爲「台灣新文學之父」或「台灣之魯迅」。陳虛

谷說：「如果賴和是出生在唐朝，他的名會留在唐詩選。如果活在現代的中國，能留下跟魯迅互相比美的作品。」

　　做一個醫生，賴和是實行「醫就是仁術」的人，受貧窮病人所敬慕。一九四一年十二月八日，太平洋戰爭爆發當日，未經任何說明，被彰化市警察署召喚拘留。我猜大概不是因他過去參加反日運動，而是因他濃厚的民族氣質（譬如，他一直穿傳統的中國衣服往診）和周圍有很多左翼人物之故。因心臟病惡化，一個月後被釋放。但病況不好轉，第二年一月卅一日去世。

　　在此介紹賴和漢詩中的〈夕陽〉。詩中的太陽是指日本。全篇的詩意是暗示日本的壓政即將結束。

> 日漸西斜色漸昏，
>
> 發威赫赫意何存。
>
> 人間苦熱無多久，
>
> 回首東天月一痕。

（日譯作品：〈一桿稱仔〉、〈豐作〉、〈惹事〉。）

⑵陳虛谷（1896～1965）

　　本名陳滿盈，生於彰化縣和美的農家。三、四歲時被收養為地主陳錫圭的養子。曾入漢學塾及國語學校。中退後前往東京留學，進明治大學。一九二三年畢業後，歸台參加文化運動，被選為文化協會理事，從事各地的文化講演。

　　一九二六年，著文攻擊舊文學陣營，第二年發表〈秋

曉〉，一九二八年發表小說〈他發財了〉於《台灣民報》，參
加新文學運動。以後數年，主要在《台灣民報》、《新民報》
發表自由詩和小說。一九三二年，與賴和同時被聘爲《台灣新
民報》文藝部客員。一九三九年，帶子女東渡。直至一九四一
年，國際風雲告急乃歸台。同年十二月，太平洋戰爭爆發一週
後，五女韻仙因反日思想之嫌，被捕入獄約一年。一九四四年
起二年間，就任和美恆生信用販賣組合長。一九四八年，受聘
爲台灣省通志館顧問委員。一年後辭去。

　　一九五一年夏，患腦溢血，半身不遂，在鄉下療養。其間
有 80 多首漢詩作。一九六五年九月廿五日因中風的後遺症而
去世。

　　陳虛谷的文學作品有自由詩 20 多首、短篇小說 4 篇、雜
文數篇、還有多達 500 首漢詩。後來給家人的信中說，他自己
多少自負的是詩和演說，小說不是他得意的項目。基本上，他
認爲自己是詩人。小說除了上述四篇外沒有其他作品，就是這
個理由。但在對漢詩毫無關心的現在台灣文壇上，他的四篇小
說比他的詩作受更大的評價。不知這是命運的捉弄否？

　　虛谷歿後，他的家人將他的漢詩刻在碑上。一九四○年在
東京寫的這首〈春日偶成〉，有人評論，這是託自然詠懷、萬
物無常中，作者的心境和人生觀。

　　　　　春來人歡樂，
　　　　　春去人寂寞；
　　　　　來去無人知，

但見花開落。

（日譯作品：〈無處申冤〉、〈榮歸〉、〈放炮〉。）

(3)楊守愚（1905～1959）

彰化市人，本名楊松茂。父親是清朝的秀才，在他五歲時去世。因此，從未受過他父親的啓蒙，在漢學塾受漢學教育。

參加過當時相當進步派的彰化新劇社和台灣文藝聯盟。跟賴和、陳虛谷等創立詩社：流連思索俱樂部和應社。一九二七年，無政府主義者「台灣青年黑色聯盟」被檢舉時，他也連坐被捕。本書所收的小說〈容疑〉，大概是寫當時的經過。

一九二九年，發表小說〈獵兔〉，第二年自由詩〈人力車夫的叫喊〉。一九三七年日本政府禁止報上漢文欄後，停止寫作。其間寫了數十篇短篇小說和數十首自由詩外，漢詩大概不下 200 首。他極富創作力，是白話文作家中寫了最多作品的人。除守愚之外，也用「靜香軒主人」、「村老」、「翔」、「洋」等筆名。因他的筆名尚未全部辨明，所以現在被認爲作者不明的作品中，很可能還有他的作品。

守愚在經濟上過著很艱苦的生活。這可在他的詩和雜文中看出。日本統治時代在漢學塾教書，但受當局取締。聽說他時常將學塾地點換來換去。戰後，考上教師檢定考試後，在彰化工業職業學校教國文，但生活仍然相當艱苦。不僅本書所收三篇，他的小說和詩大都描寫生活在低層社會、窮苦而被社會忽視的人物。雖然漂浮著似無前途希望、暗暗的氣氛，這可能與

守愚實際生活的體驗並非無關。

　　與賴和、陳虛谷一樣，守愚的文學生涯，也是以漢詩始以漢詩終。一九五九年因皮膚癌逝世。

（日譯作品：〈十字街頭〉、〈容疑〉、〈處罰〉。）

(4)蔡秋洞（1900～1984）

　　本名蔡秋桐，生於雲林縣地主之家。經漢學塾後，十五歲才入公學校，卒業時已二十一歲。憑在公學校習得的日文發表過作品於兒童雜誌。可以說對文筆活動很早就關心。

　　畢業公學校後，擔任保正，直到日本結束台灣統治的二個月前，就是保甲制度編制於國民義勇隊前，這廿五年間擔任其職，可以說從事新文學運動的人中，具有特殊經歷的人。保甲雖是民間的治安組織，但直接在警察的監督指揮下，身為保正的他，竟能容許寫收在這裏的作品，說奇怪也是很奇怪的事情（他寫的〈糞ったれ百姓〉沒有通過檢閱）。後來，蔡秋洞向人解釋說：「我是保正，而且當糖廠的原料委員，所以在小說中不表現太強烈的反抗意識。所寫全是當地發生的事情，只是換個名字的程度，說來只是把事情記錄而已。」

　　雖然如此說，在他的小說中，到處可以看到他對當時政治、對警察的諷刺也是事實。他也參加過反日色彩濃厚的啓蒙團體文化協會，也參加台灣文藝聯盟、漢詩社、褒忠吟社。台灣光復後，當過鄉長、縣參議員，也參加元長詩學研究社的活動。他的漢詩因沒有傳下來，很難置評。但他好像對自己的小

說比詩看得更重要。

當時用白話文寫小說的人，大都在作品中插入台灣話。賴和、陳虛谷、楊守愚都如此。只是，蔡秋洞用得更厲害。富於諧謔是他小說的特色。像這種無關緊要處，他就不斷地用台灣話。因此，要讀原文時，瞭解台灣話非常重要。有愁洞、秋洞、蔡落葉、匿人也、秋闊等筆名。

（日譯作品：〈保正〉、〈一等賞〉、〈新興地之悲哀〉。）

(5)朱點人（1903～1949）

本名朱石頭，後改爲朱石峰，出生於台北市龍山寺附近。成人前，雙親就去世。公學校畢業後，在台北醫學專門學校當雇員，在南方熱帶醫學研究所當助手。他是個多情善感的人，一有空就寫情書，但他的愛情聽說很少收到回報。廖漢臣說，朱憑他的戀愛經驗寫了不少悲戀詩，反應在他初期的小說中。

一九三〇年，發表第一作〈一個失戀者的日記〉後，到一九三六年的創作期間，寫了數十篇小說。當時的新文學運動中，有過語文問題的爭論。有人鑒於台灣的特殊性，主張用台灣話寫台灣的事。有人認爲台灣與中國有不可分的關係，主張普及中國的白話文。朱點人是採取後一種立場者。

一九三三年，參加台灣文藝協會，從事該會雜誌「先發部隊」的小說、戲曲原稿的審查。一九四一年去廣州，與王詩琅從事《廣東迅報》的編輯，但不到一個月就辭職回台。

朱點人的晚景是極悲慘的。因對光復後的台灣政治抱著幻

滅感，跟中國共產黨台灣省工作委員會第一書記蔡孝乾接觸，擔任共產黨地下工作員。蔡孝乾也是出身台灣。他雖不創作，但把中國文壇的情況介紹到台灣，也是提倡白話文以從事新文學運動的人。一九四九年，朱點人被國府的搜查網揭發逮捕。同年冬，台北驛站前被槍殺。（譯者註——據家屬說，槍殺是在獄內執行，然後貼佈告在火車站。）

在日本統治時代，希望復歸中國。當希望實現時，竟在國共鬥爭的漩渦中或在其圈外送命、或流亡國外的人，不知其數。而朱點人是其中之一人。

（日譯小說：〈秋便〉、〈脫穎〉。）

(6)王詩琅（1908～1984）

出生於台北萬華的商人之家。詩琅是本名，有錦江、一剛等筆名。六歲上漢學塾，九歲入公學校。六年的公學校畢業後，因其父抱有「商人不必學問」的信條，不得昇學。

因參加台灣黑色青年聯盟，一九二七年被判懲役一年六個月。一九三一年，因台灣勞動互助事件被拘禁十個月。再者，因牽連日本本土事件，被拘役二個月。都是與無政府主義者的關聯事件。本書所收的小說，大概是根據這種體驗所寫的。

一九三七年，在上海從事日本陸軍宣撫班的工作，但被懷疑是抗日分子，自動退職。一九三八年，在廣州從事《廣東迅報》的編輯。在大陸待九年後回台，在《民報》、《台灣通訊社》、《和平日報》等當編輯或主筆。經國民黨台灣省黨部幹

事後，擔任台北市文獻委員會編纂、台灣省文獻委員會編纂組長、《學友雜誌》主編、《台灣風物》雜誌編輯等要職。

　　跟他多彩的經歷相對稱，他的著作也很廣泛。雖然數目不多，有小說、自由詩各數篇。他也從事兒童讀物的寫作和翻譯，還有其他文學評論。有關風土歲時的著作也不少，尤其是在台灣史料的整理、文獻的翻譯方面，貢獻不少。

　　王詩琅自幼健康不佳。晚年因白內障，寫和看都很困難。又因有疝氣的毛病，腿也骨折。因此，晚年都在家與病院之間來往。雖經數十回的手術，對著作的意慾絲毫沒減退。得過種種的文藝獎。

（日譯小說：〈沒落〉。）

(7)自滔

　　自滔大概是筆名，本人是誰不得而知。在新文學運動中，像這樣不知眞名的作品很多，很多時候就像自滔一樣，只有一篇。能想到的理由當然是爲了逃避當局的檢查。

　　在本書所收集的 16 篇中，恐怕這篇小說所包含的社會主義色彩最濃厚。反日又左傾，當然很容易引起當局的注意。所以，小心的人就像自滔，用一個筆名且只書一篇，裝著毫無所知的樣子。

　　本來抗日作家，在日本統治台灣結束時，姓與名字應該會暴露出來才對。但是，由於台灣光復後，在政治、經濟的變動中，不能這麼做。而隨著歲月的消逝而被遺忘了。

　　此篇小說〈失敗〉，是代表這群被困居的作家而收在這裏。本來這篇作品是應文藝雜誌《南音》的徵文而得二等獎（選不出一等獎）的作品。但是登載這篇文章的《南音》，在12卷受到禁止發賣的處分後，終告停刊。
（日譯作品：〈失敗〉。）

---

❶如賴和、陳虛谷、楊守愚。

❷如張我軍、楊雲萍、王詩琅、朱點人。

❸如賴和、楊守愚。

❹如吳濁流。

❺台日通貨膨脹的相對比較：假使一九四五年八月，日本人 A 和台灣人 B 各擁有台幣四萬元。A 被遣送回日本，按當時台灣銀行卷和日本銀行卷的兌換率是 1 對 1，他這筆錢現值美金 $400（大約）；與之相比，留在台灣的 B，此筆錢現值美金 3 分錢。

❻ 1920～1942 年間台灣警察人數之變遷

1920～1942 年間台灣警察人數統計表 *

年代	警視	警部	警部補	巡查部長	甲種巡查	乙種巡查	警手	合計
1920	20	256	276	595	4724	1536	4218	11,625
1925	15	220	270	643	4588	1655	2983	10,374
1930	22	250	286	712	4370	2123	3100	10,863
1935	25	257	295	747	4524	2248	3204	11,300
1940	33	302	282	998	4466	2182	2504	10,767
1942	34	300	223	970	4516	1697	2653	10,393

* 根據中華民國三十五年（1946），台灣省行政長官公署統計室編印《台灣省五十一年來統計提要》。

2.《中國の幻想と現實》中的〈解說〉──（第7信〔附錄二〕）

　　著者劉賓雁一九二五年生於黑龍江省，少年與青年的一段時間在哈爾濱住過。父親在第一次世界大戰時當工人，去蘇聯待了七、八年，回國後在中東鐵路當翻譯。生長在自由主義色彩濃厚的家庭環境下，身爲長男的他，受父母的寵愛於一身。至一九三三年日本強行接收中東鐵路後，父親失業，家境隨之凋落。因此他受的正規教育只有小學五年半和中學三年，其他即全靠自學。他說他十幾歲就學日語、俄語、英語，在日本勢力下的東北，十三、四歲就站在書店中看《改造》、《中央公論》等日本雜誌，經由日本書，得到了國際知識和馬克斯主義。

　　父親對沒有貧富差別的蘇聯社會強烈的親近感，加上陷於極度貧窮的家庭狀況，還有，由於日本侵略引起的危險感──這些因素互相交織輻輳，使劉賓雁走上社會主義之路。他一面當銀行職員或中、小學教員，一面加入共產黨的地下組織，通過讀書會獲得同路人，一九四四年十九歲時正式加入爲共產黨員。因他會說俄語，在一九四九至一九五六年間數次出國，從史達林死後的東歐空氣，得到了新的感觸。一九五一年進入剛

成立不久的《中國青年報》，發表了幾篇報導手記。但當他擔任該報編輯委員兼主任的五七年，反右運動一開始，他就被判為右派了。

本書中再三提起，而一般海外華人也常言及的中國共產黨政策上的大分岐點，「反右運動」到底是什麼？在此應說明一下：

在蘇聯共產黨第二十回大會，赫魯雪夫發表史達林批判的秘密報告，兩個月後的五六年四月，毛澤東在政治局擴大會議中，發動一名叫「雙百運動」，一名叫「鳴放運動」的新方針。這是二千年前諸子百家時代，在中國已有的東西，是主張藝術上的「百花齊放」與學術上的「百家爭鳴」。其具體內容是要讓藝術上的不同形式與風格自由發展，學術上的不同派別自由爭論。毛澤東更進一步說：為改善共產黨與其他民主黨派關係，也需要有一點自由，讓民主黨派道出其內心的話。只要是正確的意見，接受這種建議也是符合共產黨的利益。話雖如此，但鑒於過去對知識分子的思想改造運動、反革命鎮壓、反革命肅清，尤其看到以學術和思想為對象的胡適、俞平伯、胡風的批判和判罪後，知識分子都抱著半信半疑的態度，不敢馬上反應。後來雖有了些反應，但因怕被報復，他們的態度大致是客氣的。同年十月，匈牙利事件發生，毛澤東仍然堅持其鳴放政策，聲言憲法上規定的言論、出版、結社的自由要實行，強調「言者無罪」。於是，動員黨的宣傳、文化部門、鼓勵對共產黨的建言。解除了警戒心的知識分子，逐個別地發表意見

和批判。這些反應不外是「七年來的共產統治並不民主，需要改革」這句話。當時，如果他們知道毛澤東在內部所講的話：「百家爭鳴，有一個好處，可讓那些妖怪、鬼神現形」，他們大概就會繼續沈默。毛澤東在五七年四月還說共產黨應接受批判、自我改進，但五月就發出「右派猖獗」的內示，到了六月就開始反擊了。按照共產黨報喜不報憂的習性，這次被肅清的確實人數雖未公布，但上當的學者、藝術家、文化人、學生的數目，根據一般估計，大概有四十萬至五十萬人之多。

著者在書中所說這次「文字獄」或「陷阱」的肅清，有人說是毛澤東的「陰謀」，不過由我來說，應是「陽謀」才對。不管怎麼講，讓人民上當是事實。當時的總書記，又是「反右辦公室主任」的鄧小平，說反右派鬥爭的擴大，他也有責任，但堅持基本上這是必要而且應肯定的態度。

被判定為右派的劉賓雁，其後二十二年間不能發表文章，七九年恢復名譽後，任職於《人民日報》，其間發表〈人妖之間〉等一系列的報導文章，到了八六年已有數十篇。他告發社會之不正、政治之腐敗、人民之受難的文章，時常在中國引起波瀾。一面受大眾熱烈的共鳴，一面受共產黨各級委員會的反彈、告發。他的目的是要喚起包括共產黨在內的中國各階層人民的注意，但黨的反應並不好。

數十年來的政治現實，顯示中國共產黨並無接受善意批評的胸襟。由於上述文章，還有收錄在本書中的講演活動，劉賓雁被一部分黨指導人視為「破壞團結」的人。後來受八六年末

學生運動的餘波，他與方勵之、王若望同時被開除黨籍，同時失去《人民日報》的職位。事件更向上發展，招來總書記胡耀邦的失勢。

一九八八年劉賓雁在加州大學講演中國現代文學後，往哈佛大學從事一年的研究工作。一九八九年六月將要歸國時，發生天安門廣場血的鎮壓。據他說，每當準備行李要回國，朋友就來告訴他，他的名字已在黑名單上，因而作罷了。可想像將來他大概會留在海外。

本書所收錄的文章，是著者恢復名譽後，七九年至八六年間講演中的一部分。沒有八七年以後的文章，大概是因被開除黨籍後，再沒有機會講演之故。正如他的報導文章，在這些講演中，他也強調是人權與自由之抑壓、民主之缺乏、幹部之腐敗、累積的社會病態等。總而言之，劉賓雁所著重的是揭發阻止中國近代化的諸問題。

對中國諸惡的根源，著者認為是愚昧與貧窮，但對幹部的無知蒙昧，他也在其講演中這麼說：

> 史達林較毛澤東有一個長處，就是沒大學畢業的人不讓他當幹部，連工廠主任都不讓他當。其後農場合併而成的農區的主任也只限於大學畢業者。幹部素質的低劣成為中國的障礙。

幹部素質壞的原因之一，是共產黨將黨員出身背景比個人的積極性、知識、才能看得更重要。由於到處設立黨的組織，往往外行人站在內行人之上，普遍發生門外漢指揮專家，水準

低的人指揮水準高的人的現象，使人產生無力感而阻止了社會的進步。重視血統與出身的傾向一旦發生，人的好壞也以此爲標準，文革時代的紅五類（工人、貧農下農中農、烈士子弟、革命幹部、都市貧民），黑五類（地主、富農、反革命分子、惡棍、右派分子——這不是紅衛兵恣意的分類，而是一九五○年以來，由毛澤東屢次提出來的分類法。）就是這種分類思想的具體表現。「如果父母是英雄，小孩是好漢；如果父母是反動派，小孩是混蛋。」爲對抗這種風氣，遇羅克（本書中的女作家遇羅錦之兄）發表〈出身論〉，主張政治上所有人應受平等待遇。結果受到無數次的批判和鬥爭後，在公衆前被宣告死刑槍殺，結束了廿四歲的生涯。

　　著者在書中到處舉出的黨的腐敗，這些與天安門廣場的民主化運動時所列舉的應改項目相似。原來打內戰時的共產黨——比當時已腐敗之極的國民黨——給人民淸廉的印象。勝利已迫在眼前的一九四九年三月，毛澤東已感到黨可能面臨的腐敗與官僚主義，發出如下的警告：

　　因爲勝利，黨內的驕傲情緒，以功臣自居的情緒，停頓起來；不求進步的情緒，貪圖享樂不願再過艱苦生活的情緒，可能生長。因爲勝利，人民感謝我們，資產階級也會出來捧場。敵人的武力是不能征服我們的，這點已經得到證明了。資產階級的捧場則可能征服我們隊伍中意志薄弱者。可能有這樣一些共產黨人，他們是不曾被拿槍的敵人征服過的，他們在這些敵人面前不愧英雄的稱號；但是經

　　不起人們用糖衣裹著的砲彈的攻擊，他們在糖彈面前要打敗仗。我們必須預防這種情況。

　　毛澤東懸念的事終於發生了。如果他的話中有錯誤，那就是資產階級消滅已有四十年的今天，要嘗糖子彈的共產黨員不只「幾個」，而是普遍存在於黨、政、軍中，使人民慨嘆，其歪風已有凌駕往時國民黨的趨勢。

　　本書最大的主題──也是天安門廣場民主化運動的核心問題──是人權、自由及民主化。談人權和自由問題，長年來是中國的禁忌。劉賓雁這麼說：「言論自由，這句話會使聽者驚倒，我也很少有開口的勇氣。」同樣一九八六年物理學者方勵之給學生的講演這麼說：「在我們的國家談人權會受阻擋，其實人權是最基本的東西。」

　　著者言及因寫人道主義而被撤職的《人民日報》副總編輯王若水時說：對人之蔑視，對人之冷酷，乃是中國極左派的核心。又在某次講演時，他曾吐露這樣的話：「極左路線會把人變成非人，把應享受自由的人失去自由，使有獨立人格的人變成順從的工具，使人變為動物。在這種過程中，中國人心中的良心隨之消失，使某些人失去其人性與良知，還有失去人類共有的特色：同情心與懺悔之心。人特有的很多東西：獨立思考、守信義、守約束等也消失……我們的民族缺點（並非每個中國人都有），在猜疑與冷酷的基礎上，創造了全民的恐怖，對暴力的恐怖，對有權威領導人的恐怖。」

　　在電視螢幕上看過血的彈壓的讀者，大概可以用實感來體

會這些話。可以想像到因姊姊或母親的通報而被逮捕的民主活動家，和因密告的獎勵而收到相當的效果的事實。台灣作家柏楊說，文化革命最大的罪惡，是毀滅中國人的倫理觀和蹂躪人性。正如著者所說，文革當時，張志新是因親友的通報，李九蓮是因愛人的通報而被逮捕喪命。爲什麼中國人變成這樣？我想這是現代中國最大的悲劇。六六年三月，暫時被丟下右派招牌的劉賓雁，一旦文革開始的同年六月，再度被判定爲右派。在几年前被判刑的同一餐廳，剛好他十四歲的孩子來到。兒子被迫表態，夾在應採取的行動和對父親的愛情中掙扎，最後在自宅門口貼了這樣的文句：

「劉賓雁，你必須老老實實，按時上班回來，不準亂說亂動！」

早在一九五九年，當時的政治局員、國防部長彭德懷向毛澤東提出意見書，因而被判爲野心家、反黨分子。於是彭夫人不得不離婚。這種因家族中之一人受政治上的判決，而家庭被迫遣散的例子，眞是不勝枚舉。爲什麼變成這樣？這是因共產黨只承認黨性和階級利益，而不承認人倫和人性的政策使然。不管是夫婦或父子，都需與政治犯劃一線，這叫做「劃清界線」。雖然美其名謂「大義滅親」，但這是很悲慘的事。

著者說，因言論的壓迫，沒有原稿不敢隨便講演（有原稿，出問題時可拿出來對證），而且還需要每一字每一句都正確。有時好像信奉「口是禍源」，假裝啞吧的人也有。大衆廣播只當黨的擴聲器，不但對黨和指導人、對一般社會現象也不

能隨便批評。因此，劉賓雁每次發表文章時，受到黨委員多次的糾纏告發，包括鄧小平在內的中央指導員的指名批判，終於八七年一月再度被開除黨籍。當時動員《人民日報》、《光明日報》、《紅旗》攻擊劉賓雁的論點如下：

1. 劉賓雁說，在他的作品《人妖之間》、《千秋之功罪》所揭示的中國共產黨的腐敗是真理。因有這種明顯的目的，他始終不接受黨組織多次嚴肅的批判。

2. 劉賓雁稱五七至八七的三十年間爲歷史的逆轉時期，說中國共產黨黨風的偏差不是開始於五六、五七年，而是更早時期。而五八年後更加速。但是，三十年來，在黨的指導下，中國所獲得的成就是全世界共睹的。

3. 在劉賓雁眼中看到的，好像是衣、食問題尚未解決，人民的基本權利未受保障，人民的素質低降的中國。當全國人民意氣軒昂地著手社會主義的近代化的今天，抱如此強烈的埋怨與憤慨的他，其基本立場到底站在哪一邊，並不難了解。

4. 站在這種立場，劉賓雁繪一幅可怕的圖給年輕的學生看。「從一九五七年以後，展開在中國青年和知識分子的道路，是非常狹窄的……如果政治上想堂堂做人，就被判爲反黨、反社會主義，因此，此路是被塞住……如果想在科學上或技術上有貢獻，就被貼上白色專家、資產階級、個人主義的記號，因此，此路也被塞住……在中國知識分子前，展開比較安全、較輕而易舉的政治投機，只有順應大勢一條路而已。」這種荒唐無稽的言論，不僅是對黨的侮辱，也是對廣

泛知識分子的侮辱。

　　究竟是劉賓雁或中國共產黨說的較有道理，用不著議論。中國沒有人權，知識分子所能選擇的道路狹窄而崎嶇的事實，終於在極衝擊性的方式下顯示給全世界了。

　　八十年，當提起政治改革時，一般人期待這是民主化的出發點。但由於黨與政府的分歧、選擇制度、退職制度、法治的實施等都止於口號而無法實現。連中央委員也由老人以獨裁者的姿態君臨，應退出第一線的人掌握大權，而憑這些老人的意向，二年之間竟換了二個總書記。趙紫陽對 Garbachev 說的話，被判定爲洩露國家機密，其實全世界的人都知道鄧小平是最高權力者，根本不足什麼秘密。

　　人類將要踏進廿一世紀的現在，黨由既不是總書記，又不是國家主席，而是完全沒有法的職權的八十歲老人在密室中來領導，這實在是見不得人的醜聞，大概這就是秘密吧。當年林彪的名字在黨規中明記爲毛澤東的接班人，大家認爲這是文革中一時的衝動。但經過二十年後，歷史還重演，表示這應歸因於共產黨領導階層的體質，基本上，鄧小平和林彪都是出自同穴的蛆虫。鄧小平很恨趙紫陽，大概是因趙紫陽批評他性格上缺少明朗磊落，比林彪差之故。

　　劉賓雁的另一個中心主題是，知識分子的問題。國共內戰時期協助共產黨的中國知識分子，從一九四九年政權建立以來，走上極辛慘的命運。據說，建國不久，毛澤東在某次會議時，開玩笑地告訴知識分子說：「你們搭錯賊船了，現在要下

船已太遲。」賊船是指共產黨,他是揶揄知識分子不知共產黨的真正意圖,而真心協力。這句話正暗示其後知識分子的命運。當時,在不知是玩笑或認真的言辭中,能看穿其重要性的人到底有幾個?毛澤東在內部講話,一再地強調知識分子不是一個階級,而是寄生於勞動階級的階層。如果說工人是皮,那麼知識分子就是毛,「皮不存,毛將焉附?」劉賓雁在這部講演集中,反對這種看法。他認為知識分子是社會最先進的力量,集幾百萬工人也不能製造電視或電腦。方勵之也表示同樣的意見,「科學技術才是生產力,而且是生產力中最積極的因素。⋯⋯誰抱持最先進的生產力?是從事科學技術的人,也就是知識分子。」

建國後,毛澤東主導進行一連串對胡適、俞平伯、梁漱溟、胡風的批判,其中對胡風的批判尤為陰險。文藝理論家又是魯迅弟子的胡風,一九五三年受黨的批判後,向國務院提出廿七萬字的「意見書」。正如著者在講演中所說:毛澤東親自批判胡風,並要胡風的朋友提出私信,他即在信後寫辛辣的批註,然後公佈。胡風的友人包括魯迅的未亡人許廣平,也被動員參加反胡風的大合唱。這次胡風反黨集團連坐者有 2100 人以上,被逮捕者有 93 人,其中 78 人被判為胡風分子。胡風在獨房關十年後被釋放,但文革發生時再度過十多年的獄中生活。

胡風終於一九八八年六月全面恢復名譽,此時,他已逝世了。四十年來的中國,好像穿過時間隧道,使人有置身於一千

年前的封建社會的幻覺。

　　在五七年，很多知識分子被判罪。到了文革時，被侮辱為
「臭老九」。其中因受迫害而自殺者不知其數。被判為右派的
知識分子，到底受到何種處罰，讓我們來聽聽其中之一的劉賓
雁（他是右派六種類中的第三類，應屬中級的罪人）所說：

　　——什麼都失去了，革命經歷、水平、地位、貢獻……一
　切都不受考慮了……。我當時是十三級，雖是高級幹部的
　最低級，但算是已進入高層，工資一百五十多元，加上稿
　費收入。但判罪後，薪水沒有了，只得二十元生活費，後
　來加了五元，變成二十五元，一直繼續至一九六二年。因
　問我經濟上有無困難，我說沒錢買書，才給我暫定一個級
　別：十九級，拿七十八元，即原來的一半，但已算是被照
　顧了。……五八年以後的三年，我一直在農村勞動。每年
　春節，還能讓我回北京同家人團聚一次。但回家滋味也不
　好受，你不能同人們接觸，怕連累別人，就像一個痲瘋病
　人被社會遺棄一般。打進右派之後，最痛苦的是兩件事：
　第一件，你是賤民，跟普通人不平等。誰都可以罵你，甚
　至侮辱你。六八到七二的四年間不准回家，不准我同家人
　說話。在「五七幹校」時，我太太和兒子也來了，我們每
　次見面都不能說話。我女兒在北京上學，到幹校去看我，
　也不准見面。七二年給我摘下帽子，拿下來後還被稱為
　「摘帽右派」，可以隨時整你。這種精神折磨最可怕、最
　厲害之處，就是讓你在潛意識裏，不斷地想到「我是右

派，我是右派……」，像一塊石頭，不知不覺地一直塞在你心上。

第二件，你想做點好事，也不讓你做。譬如，你看到一個小孩在剝樹皮，想勸他：「你不能剝，剝了樹會死的。」他父親馬上過來說：「你有什麼權利管？你什麼身分？」實際上什麼都不能做。即使你能寫出一部《戰爭與和平》那樣的名著，也不會有人給你發表。（四人幫垮台後）託熟人找過工作，別的工作不說，我想幹點技術翻譯，應沒問題，但一聽到我的名字，都立刻卻下。我的右派問題到了七九年以後才解決。

對共產黨之迫害，知識分子有多種對應的方法。其中一種是常窺伺當權者的鼻息，像 Cameron 那樣變身，典型的一例是郭沫若。當毛澤東以「言者無罪」，讓知識分子說出心中的話後，開始發動肅清時，郭沫若在《光明日報》幫腔說：「沒有罪的人說是沒有罪，但是有罪的人說是有罪」。史達林在世時，他寫詩歌誦史達林，同樣也獻詩歌誦毛澤東。文化革命發生，他就在眾人前，慚悔自己過去的著作都無價值，應燒毀。當毛澤東夫人江青得勢時，他送頌詩在她出席亞非作家會議席上朗誦；但一旦江青失勢被關在獄中時，他就作詩罵她是「白骨之妖怪」。江青被判死刑時（但沒執行），還昂然咆哮，她雖可惡，但骨氣上，勝郭沫若一等。郭沫若是二十世紀最無恥的中國文人之一，將會留名於歷史。

雖然大多數知識分子沈默下來了，但也有威武不屈的人。

五十年代有胡風、劉文典、林希翎，文革時期有張志新、遇羅克、陳世忠、王希哲；文革之後有魏京生、任畹町、劉賓雁、方勵之等。繼之，在民主化運動時，身無寸鐵而被戰車蹂躪的年輕人，還有阻止戰車的十九歲王偉令。孟子所說的「浩然之氣」、「雖千萬人，我往矣」之氣概，自古以來是知識分子的理念。這些人把悠久的大義看得比現世更重要，但這不是人人能做到的境界──這些人可說是繼承中國知識分子傳統精神的精華。

　　書中劉賓雁談了很多中國社會的黑暗面。當然每一個國家，都有為私利而不顧他人的人，但書中也有不少若不是中國就看不到的事情。譬如，到《人民日報》社前面請願冤罪的人成列，農民或漁民向新聞記者叩頭哀求，這種事情在其他國家能想像到麼？每年都有被幹部打死的人，而用公款來賠償；將律師綁起來在市中遊行（據著者所書，在遼寧省台安縣有四個律師，其中三個被綁上街遊行，而司法局長竟鳴炮慶祝）。這種事在文明國家會發生麼？發明、發現的人，因怕出禍而隱蔽業績，反而不上班，讓機械空轉的人，取得長期的工資，這樣的國家有什麼未來麼？

　　著者屢屢說出來的諸問題，其根源是一黨獨裁的體制。所謂民主黨派，只不過是裝飾品而已，人民不能參與政治，在共產黨一手包辦的狀況下，政策的錯誤和任性的行為，是不能避免，也不能阻止。對過失和專橫，沒有矯正牽制的制度，再者，把一個黨和指導者的威信看成比人民的利益優先的國家，

一旦奔走，就很難停下來——大躍進政策繼續了好幾年，文革有十年，人民公社有更長的歷史。

錯誤的矯正，全靠黨的「自淨力」。關於此事，七八年末第十一期第三次中央委員全體會議，採用新綱領後，鄧小平自豪「我們的黨是有自淨力」。但回看四十年來的中國共產黨史，證明這個自淨力未曾發生過作用。鄧小平時常說的「社會主義的優越性」，其實不過是一種自我欺瞞而已。

在一九五六年，已看到新世代的乞丐，農村的生產關係已有破綻，造成很多飢餓人民。共產黨的腐敗，不是開始於五七年，也不是五六年，而是更早。著者這種話對中國觀察家（China watcher）來說，可能是意外的發現。

劉賓雁說，毛澤東究竟是個天才，如果換個人來做，情況可能會更糟。又說，反右運動和文化革命，都是應發生而發生的事件，所以應在歷史與社會中求其原因，把一切責任推到毛澤東身上也是不公平的。

毛澤東對軍事戰略有優秀的才能，他的軍事才能，在內戰和抗日戰爭已充分發揮，對歷史與文字的造詣也很高。但一旦進入建設期，做一個政治家的毛澤東，卻沒有留下可觀的業績。方勵之甚至斷言說，毛澤東只做了一件事，那就是挑撥階級鬥爭。只看一九五〇年以來毛澤東所做的事，此言當不能以一笑付之。

毛澤東把持的獨裁權力，對中國人民來說，是非常不幸。如果最高權力者不是他，中國人民所受到的辛酸可能會減少一

此。

　　毛澤東自己公言說：「我引火」。的確，文革的發動是他引發的，所以不說全責任，至少大部分責任應由他來負責才對。共產黨的官僚主義已腐敗到極需憂慮的狀態，而社會不正常的狀況和民眾的不滿，已累積到相當的程度。假如說，文革是不可避免，若是沒有毛，文革大概會產生不同樣的結果。

　　正如林彪所說，文革能呈現那樣子，大都靠毛的威信。Edga Snow 說，早在一九五九年，毛就有文革的準備。按照毛的想法，「不破舊，不能立新」，某種程度的黨的破壞是有必要。繼抗日戰爭及對國民黨的勝利，把文化革命看成自己畢生的業績的毛澤東，大概沒有料想到，因文革，他自己的威信會失墮的事實。

　　毛澤東憑他未成熟的政治構想和個人野心的實現，把中國人民當做實驗用的老鼠，把大規模的政治、經濟運動，一再投入。當人民疲於奔命而陷於悲慘的狀況時，他也無動於衷。因大躍進與人民公社政策，在廣大的農村發生餓死者時（據推算，其數目不下於 1600 萬人），毛澤東拒絕緊急輸入食糧。據說這是趙紫楊告訴 Sulzberger 的。不管是反右派鬥爭或大躍進政策、人民公社或文化革命，屢次的鬥爭與運動，跟他任性的野望有很大關係。

　　關於匈牙利事件，劉賓雁雖然承認這是蘇聯的橫暴，但接受其結果。他認為，如不這樣就沒有今日的匈牙利。著者這種見解，很難說今天沒有改變。求改革、自由、民主化的匈牙利

人民自發的行動，受蘇聯軍隊的鎮壓，爲追求人民政治的納基
(Ference Nagy)──這從他的政策可見──被處刑，這種結
果，不能說是正當的。今年六月，納基以國葬之禮再受埋葬，
匈牙利的政治體制，朝向卅三年前國民所希求的民主化方向，
與波瀾並肩邁進，已遠遠地領先於其他社會主義國家了。

著者說，一九四九年由共產黨領導的建國是政治的解放，
而現在進行中的經濟改革及隨之而起的社會改革是人的解放。
但是，四十年前，打敗國民黨就能稱爲政治的解放麼？比較國
民黨統治時期，人民的政治參與，有沒有擴大、深化？民意更
能反映在政治上麼？──對這些疑問，能泰然回答「是」的
人，恐怕除鄧小平、楊尙昆、李鵬集團外，大概沒有。因爲，
這些只是寫在馬克斯主義的教科書上，而不是現實。

高舉人民解放之崇高理想，並遵奉馬克斯、列寧的社會主
義政權，幾乎沒有例外的，都用強權屈服人民，以鬥爭和肅清
維持政權。七十多年來，爲著共產主義的理想，建立政權，施
行政策，在防衛主義與權力的旗幟下，不知多少人奉獻生命，
被奪生命──從俄羅斯革命開始，史達林的肅靜，中國與南斯
拉夫的內戰、鎮壓、肅清、大躍進，匈牙利、捷克、古巴的動
亂，文革，寮共波爾布特的大屠殺，及至天安門的彈壓，這些
以億爲單位的人命，所犧牲的代價是什麼？既不是更解放的
人，也不是更豐盛的社會，所得的東西只有一個，那就是在一
黨獨裁下，絕得不到人的解放這個眞理。

如果讓地下的馬克斯和列寧，看到七十多年來共產主義的

盛衰史，目睹利用他們的名字做了什麼事？難道他們不會在激昂之餘，把史達林、毛澤東、金日成、鄧小平付於破門 (Ex-communication) 麼？要不然，為自己的罪惡感之深而失神罷。

儼然的事實，嚴肅的劇情，正展開在人們的面前。那是馬克斯、列寧原來的共產主義在世界性的規模正在崩潰，社會主義正在找尋一條活路。不過，這非要共產黨從君臨人民的玉座下來不可，否則，不會展開。

中國要往哪裏去？

經濟的改革和開放要進行，但政治體制則不變。這種中國現指導者的政策會徹底破產是時間問題。天安門的鎮壓，不過是其序曲而已。不僅波瀾、匈牙利，遲早，所有的社會主義國家的共產黨，會被迫應付政治體制的改變。這是世界趨勢，正如著者所說，是「人民變了」。八六年，劉賓雁表示中國的方向，應是意大利、法國等西歐型共產主義。方勵之認為是挪威、丹麥等北歐型社會民主主義。不過，十二年來，波瀾和匈牙利急速的變革，值得做中國親近的體驗嗎？

著者說，中國的前途繫於知識分子及獲得自由人身分的人身上，這個說法，我也贊成。劉賓雁對經過文革的 35 歲到 45 歲的世代，寄於多大的期待。但看到前些日子的民主化運動中，20 歲年代為主力所表現的動員力、組織力與勇氣時，他大概會有一種可喜的估計錯誤的感慨吧。

著者沸騰的熱情和正義感，超過一般人的勇氣，對中國社

會應具深刻的理解，加以天安門前的悲劇的背景與遠因，我想，讀者在此講演集中可看出。

北京的武力鎮壓後，劉賓雁在香港的新聞記者會中說，中國現指導部大概不會維持二年。我認為，這是太樂觀的看法。共產黨的自我革變、經濟的破綻、反體制力的復元、老人指導者之死、外部情勢的壓力──不管哪一個成為起因，中國之會變，是理所當然。但是，在此以前，人民和黨的開明派，大概會被迫維持相當長的沈默。

讀此文，讀者會感到此篇〈解說〉受到天安門民主化運動而觸發的一面。但想起劉賓雁走來的路及其內容，將他所提種種問題，放在歷史的脈絡下思考時，大概不至於太牽強附會才對。

本書收錄的七篇文章，是根據香江出版有限公司出版的《劉賓雁言論集》（1988）。其中選出對現代中國較有啓示性的文章譯出。

1989 年 7 月 17 日

於船橋　西習志野

陳逸雄

國家圖書館出版品預行編目資料

兩個海外台灣人的閒情心思／林莊生編著.
－－初版.－－台北市：前衛，2000〔民89〕
272面；15×21公分

ISBN 957-801-275-6(精裝)

1.台語

856.286　　　　　　　　　　　　89017707

兩個海外台灣人的閒情心思

著　　者／林莊生

前衛出版社

地址：106台北市信義路二段34號6樓

電話：02-23560301　傳真：02-23964553

郵撥：05625551　前衛出版社

E-mail：a4791@ms15.hinet.net

Internet：http://www.avanguard.com.tw

法律顧問／汪紹銘律師・林峰正律師

旭昇圖書公司

地址：台北縣中和市中山路二段352號2樓

電話：02-22451480　傳真：02-22451479

出版日期／2000年12月初版第一刷

定價／250元